Jorge Centofanti

Love & Life Sonnets

Gazales de Amor y Vida

Editions des Arts

Acknowledgements

I would like to express my deepest gratitude to Ute Mader, a true professional editor, who gave her full heart to reading and proofing these Sonnets with great attention to detail and whose support over the years has been truly invaluable; to Ita Marquess, for her very kind disposition to do a final reading of the sonnets and the honesty and generosity of her comments; al escritor y traductor Francisco Martinez Dalmases por su lectura final de los Gazales y sus estimulantes comentarios; to my wife, Kristin, and my family, who have always encouraged my return to poetry.

Quotations from Darkest England and Caravan of Dreams, by Idries Shah, by kind permission of the Estate of Idries Shah, and from The Quatrains of Omar Khayyam by kind permission of ISF Publishing.

Copyright©2020 by Jorge Centofanti. All rights reserved, Copyright throughout the world.

Published via KDP on Amazon

No part of this publication may be reproduced or transmitted in any form or by any means, digital, electronic, mechanical or photographic, by recording or any information storage or retrieval system or method now known or to be invented or adapted, without prior permission from the author.

Derechos de copyright exclusivos para todo el mundo. Ninguna parte de este libro puede ser reproducida, almacenada o transmitida en manera alguna ni por ningún medio, ya sea electrónico, químico, mecánico, óptico, de grabación o de fotocopia, sin permiso del autor.

Tous droits réservés. Toute reproduction, même partielle, de cet ouvrage est interdite sans la permission de l'auteur.

ISBN 9798686133600

Illustrations: Front Cover : 'Gold thread Paisley'; details of Guadamecí panel by Jorge Centofanti. www.jorgecentofanti.com

Book Production: Brian Stephens, www.moulinwebsitedesign.com

Love & Life Sonnets

To all my Loved ones

"There is a great difference between he who holds love in his arms and he who looks towards the door with hope"

Saadi of Shiraz, *Le Jardin de Roses*

PREFACE

In Italian, the poetic form named Sonetto, from which the English word Sonnet is derived, means 'little song'. And so it was with the earlier Provençal *Sonet,* from Latin *sonare* – sound.

As poems for melodic singing or reciting A Cappella, the sonnets in this book are rhymed on the basis of assonance. As your eyes read and your mind absorbs the meanings and cadences, let your ears receive the sound of end words.

Without

To love without being loved

Is even more painful than pain

As icy poison enters the blood

There is no antidote to obtain.

Unrequited love is like death

Instantly turning everything off

One becomes a robot in distress

The heart well knows the cause.

One loves for love not recompense

Even if there is a natural reward

As nothing else in life makes sense.

But love cannot be forced on anyone

And we learn when he does not call

As pain is often a reason to move on.

With

To love is to become one

The wings of two doves

Flapping together as one

Sharing the flight of love.

Love comes from above

From the source of all might

Teaching us how to improve

And become part of His Light.

Join the feast in this life

Before you become earthly dust

Avoid the sadness of a rolling dice.

If you love you will be loved

Your heart will be playing its part

Singing praises to the Beloved.

The Grail

The heart is a precious cup

That love fills continuously

Like trees receive their sap

As all leaves dance joyously.

The chalice is made holy

By the force of love divine

Purifying what is unholy

By the meaning of sublime.

Love is the water of life

As well as inebriating wine

Liberating husband and wife.

It is the meeting with the soul

And the direction of the sign

Holy is to be part of the whole.

Choice

Had I chosen or had life chosen for me
A placid and most subservient wife
Perhaps content today I would be
Except that love I would not recognise.

Certainly of Love I would only know a tad
Compared with what I have realized
With my fiery and passionate bride
Who gave me all of herself well spiced.

Learn with the beloved what love is
Follow the signs written for you each day
Learn from pain how good it is to give.

Love teaches you generosity as it is
Pure and raw and enriching as it may
Suffuse your heart to teach you how to live.

Him

He made me as everything I am
I did not know who I was or who would be
The road ahead was dark without the sun
In those days it was impossible to see.

I looked for Him and thus was found
Fortunately when I was totally lost
His grace as ever knows no bounds
Mercy and generosity are His cause.

From the wrong path to the right one
Travelling with the providential Guide
Was His blessing with a perfected man.

My life changed since His light shone
Into my heart with love alongside
And then darkness was no more.

Who?

Who hasn't fought, who hasn't struggled
Sharing a long life with love
Who hasn't lost, who hasn't felt strangled
By oppression and feeling sad.

Who didn't give up hope, who didn't die
One day fearing catastrophe
Who didn't feel dead, who didn't cry
Once confronted with calamity.

Love was built brick by brick, day by day
It took a lifetime of caresses
It's so hard to give up fortune in one sway.

Who has not learnt to forgive and be forgiven
To repair the cracks with long kisses
Who is prepared to abandon all that was given?

Being

Are you who you are

Or who you wish to be

Do you follow a star

Or you prefer to dream?

Haven't you lost so much

On the road of desires

Shouldn't you better ask

The heart to fly higher?

Being who I am

Makes me a grain of sand

A seed for the sun.

Being who I am

And learning to understand

Will make me a better man.

Pain

Each time that I've been hurt

In an accident or by a punch on the nose

Knowing or not knowing the cause

There's been something I have learnt.

Sometimes it's been affairs of the heart

Intense pain growing when love fell apart

Sometimes it's been concerns of the soul

Wounds from sins or mistakes on the road.

From one cause or reason or another source

Pain has always taught me much more

Than what I've suffered during its course.

All pain one desperately tries to remove by force

Although it's a natural teacher for us all

Pain will remain painful because it's not our choice.

Friends

Two dear friends died this year

Two branches of my tree lost their flow

But their traces will not disappear

Because their memories will grow.

One friend was loyal to the end

The other friend was helpful for years

Both were truly my best friends

And for both I shed my heartfelt tears.

Loyalty and helpfulness were given me

Both in equal measure by my friends

I hope there is something I gave them.

Their actions and their presence are still with me

Their branches with time will grow again

May they rest in peace in God's domain.

Pass

When you are down unable to get up
When you are sad covered in dust
When you are lost in Nowhere Road
When you are hurt bleeding all alone.

When there is a storm coming your way
When there is a tempest of violent waves
When you are left without a home
When luck and hope have all gone.

When you see the hordes preparing for war
When you see the mean tyrants about to sting
When you hear the liars lying en masse.

When your freedom is on the prison floor
Remember the tale of the King with a ring
Engraved thus: "This too shall pass".

Destiny

As the body ages

The heart grows larger

Love develops in stages

The mind becomes wiser.

Age is made of time past

Errors and successes all together

The heart has learnt to be just

Knowing love will last forever.

Aches and pains mine the body

Short-circuits affect the brain

Heart and spirit as one remain.

The invisible horizon is holy

The soul can hear the song again

Love is destiny's domain.

Women

Women suffer for us to be born

Such pain we will never know

They are prepared to die for love

Such generosity we do not have.

Women understand much more

Than we will ever know

About the daily motions of love

Such knowledge we do not have.

We should admire women much more

Learn from them how to live

Our life teachers they are.

We should love women much more

Learn from them how to give

Our love teachers they are.

There is

There is a bowl

There is a cup

There is a soul

There is a heart.

The heart is one half

The soul is the whole

We live within the heart

We hope within the soul.

There is a world

There is a land

Here is where we learn.

There is another world

There is another land

That is where we aim.

The gift

She smiles like a glittering star
Her eyes smile, her lips smile
The luminosity from her heart
Glows through a celestial smile.

Her smiles are clusters of light
That enliven the human sky
Cheerfully touching every heart
Beaming the happiness of life.

Like chirpy birds singing at dawn
Her smile is full of sunshine
Thus her inner light is shown.

Like Mercury her smile is warm
Made of love that always shines
The incomparable gift of her charm.

Medium

In craftwork or a work of art

The material chosen is its domain

This may seem obvious to start

But it is part of the final aim.

The relation between heart and hand

Working to create something good

Is as intense as what happens once it's done

Whether the medium is leather or wood.

Leather feels very close to our own skin

Docile to be tooled, engraved or mould into a hat

Our live cells revive those of an earlier next of kin.

The medium is part of the alchemy with heart and hand

That enriches the man and his work of art or craft

In fact all of it makes him a better man.

He Still Is

A cut of his sword healed in no time

From pain only the lesson remained

The message was as clear as the sign

To follow the straight path is the aim.

His harshest actions were always kind

Designed to feed our deepest need

Dormant in the heart, silent in the mind

He knew how to plant a good seed.

The purest sustenance he prepared for our soul

Gave his entire life to teach us how to learn

The most generous man I have ever known.

His legacy is a treasure for those who want to Be

To find the source of love and life in the friend

He is the Teacher that guided me to Thee.

Infinite

A dog that was dying told its owner

'I know full well you do not love me

I can see it in your eyes so somber

I feel your heart so dark towards me'.

A cat in its last days told its mistress

'I know your husband really hates me

But your loving me removes the stress

So I am grateful for the life you gave me'.

If a dog's and a cat's life depends on love

And birds every morning sing to love

What is it that we are always waiting for?

Since life is so short and there is so much to resolve

Since the heart must grow for the soul to evolve

Who can ignore the infinite gift of love from God?

Judge

A man accused another based on hearsay
And as a consequence he got stung
Make sure you do not follow the same way
Or you will be punished by your own tongue.

The man suffered from an overdose of ignorance
That confused his very pretentious mind
Make sure you are not guided by arrogance
If instead of judging you'd wish to understand.

He caused a lot of hurt by being too sure of himself
Forgetting that he was not in a position to judge
Thus revealing publicly his own true self.

Before you attack the main reason you must know
And even if it seems right, think before you throw sludge
So make sure also to blunt the sharpness of your tongue.

Lovers

Two lovers fusion in a night of passion
Two hearts beat their drums at dawn
Two joyful spirits seal their union
Before them the flame of love was born.

The spark that lit the fire was to them given
As lovers warmed up in their communion
Their passion grew as their hearts were even
Two became one in their reunion.

Happy are they who have made love
From a flame that gave light to their lives
Cherishing the day when each became half.

Blessed are they who have made love
From a gift that was given to help them revive
Labouring each day to forge what they have.

Poetry

Words whisper in my ears
In the depth of space night
They know that I can hear
When I get up to write.

They find me on the road
Gentle words tap on my mind
Want to be written on the go
Sometimes already in rhyme.

The source of poetry is a spring
Where words like water flow
Their message is ready to begin.

Write them down amanuensis
Remember where we come from
And gladly accept our influences.

Venom

Rancour poisons the heart's well

Like no other pain or emotion can do

It kills the soul's love seeds as well

After which new seedlings die too.

Not everybody experiences rancour

Many people are blessed with a shield

That protects them in their life's tour

Many others fight it within love's field.

Those that cannot control its effect

Were either born with that disposition

Or their heart is too sensitive to self-protect.

One fights it as much as disposition permits

Hoping good sense will follow one's decision

But rancour is a strong weed that often persists.

Furies

The furies of evil aiming at all souls
Rode on the tempestuous wind
Howling in the night like ghouls
As if Genghis' ghost guided their sins.

They came out of a deep volcano
With an explosion of voracious fire
That killed everyone without a halo
Creating their own inferno of ire.

Fed by our errors and rancour
Piled up evil based on lies and greed
They exploded to harm even more.

Only angels and saints resisted them
Some humans managed to escape their grip
Hoping to preserve the truth for their safe return.

Pure red

Red is her colour

As red is her blood

Her passion not shallow

Is burning for love.

Made for love she gives

All that her heart contains

Even hoping to receive

She is generous again.

Red is her sun at dawn

Cheerful her spirit sings

Always ready to give more.

Red is her romantic moon

Much happiness she brings

Each night we bloom.

A story

The tears that one day fell
When deep sadness obscured the heart
Had a long story to tell
About pain beyond measure so hard.

The boat carrying love had sunk
With it the whole treasure had gone
Life had become instantly so dark
That hope seemed lost forever alone.

Love can be strong and fragile all at once
Capable of wonderful feats or losing it all
Like a kite defenceless in a storm.

It takes patience and time to restore one ounce
Much more effort and care to revive the whole
Love only accepts unconditional devotion to go on.

Belonging

The foreigner lives in his own patch of land
As large as where his entire frame stands
He appears to be strange and he is a stranger
With time he stays within the law as an abstainer.

His place is what he is and who he is
He does not belong here or there as it is
Belonging became the past the day he left
The land where he was born and loved first.

Instead of sadness or depression he finds joy
In being the best that he can be wherever he goes
To be different is a value the world cannot destroy.

Better belong to the one who loves you as you are
You'll never be a stranger in the kingdom of love
For as long as the space in your heart can expand.

Remorse

When there is harmony in a house
Birds sing and feed in the garden
In the fountain squirrels carouse
The inhabitants joyfully regard them.

When there is disharmony and strife
Little demons fly in to feed and breed
Growing feverishly with greed and spite
The house is theirs if pain does not recede.

Negativity is a magnet for evil forces
There is a cause before they are part of the symptom
A strong pain is the sign of deep remorse.

'Once a caravan has had a setback
A thousand demons fall on it', says ancient wisdom
And so it is when love's camels give up.

Power

A very heavy pain was lifted like a feather
The heart ceased its mad gallop at the same time
Despair was blown away as fast as ever
Anxiety escaped promptly from the mind.

Polluted thoughts vanished in thin air
Erasing their own memories at once
As the head touched the ground in prayer
And the demons to evil had to renounce.

With one stroke the cause of suffering was removed
Responding to the man's most desperate call
His heart and mind were thus gently soothed.

'He has power over all things'
The saviour of hearts and souls
He is the King of all beings.

The source

They follow her like flocks of birds
After the farmer seeding a laboured field
Knowing that there will be plenty to eat
And that their hearts will be stirred.

She has the quality of a big heart to give
A luminous smile that opens all doors
An abundance of generosity in store
To sow in people's hearts her love seeds.

Not an angel but a woman guided by them
Without a shadow in her spirit or her mind
Only the blessed will to give again.

Purity is recognised beyond human faults
Like gold in murky waters may be found
It is to the giving source that humans flock.

Vignette

A head waiter who had received a good tip
Was judged a greedy person by the client giver
So when he asked for another 300 rupees
He was refused as he wanted it for a bottle of beer.

The offended man told his wife the whole story
Emphasising all along how right he had been
At which point she reminded him that the money
Was due for the extra beer he had with the meal.

The righteous man then feeling full of remorse
Ran back to the cruise boat to apologise
And the waiter embraced him with a big smile in response.

The waiter showed understanding and forgiveness
The righteous man had been wrong to judge and criticise
In the end he learnt more about his own meanness.

Suspect

Suspicions without base are hazardous
As the sign of emotions out of control
Like boomerangs return to haunt us
Showing the first one who was wrong.

Better doubt oneself than suspect others
Unless real knowledge removes the veils
That informed by deep awareness uncovers
The truth of the man by his actions betrayed.

There are those whose nature cannot mistrust
The ones whose love prevents them from suspicion
And those who can't imagine such action from the heart.

There are also those who are caught in the spider web
Unable to move away or change their first impression
The ones who suffer most as instigators of mistakes.

Imperfect

As you well know love is not perfect

It is as it is like you and I with faults

And qualities that both of us respect

Sometimes with difficulties to resolve.

Prisoner of itself if we are two universes

Each one in our own game or our own hole

Sometimes it is mysterious or complicated

Our own reflection in the mirror of the soul.

He is as you can see generously angelic

When the two of us are melted into one

Learning the art of love we are magnetic.

Even though imperfect love is always true

Cannot lie or hide or disappear or become

Anything but the only chance to improve.

Innermost

She was waiting patiently like a rose the morning dew
She was trembling excitedly before the virgin moon
She was shaking anxiously like sensual petals in their fall
She was wilting desperately as nobody opened the door.

She was crying disconsolately because love had gone
Lack of understanding was her lover's main fault
She loved him so much she was waiting for more
Without his daily attention she could not live anymore.

He was upset because he thought he had given it all
'What else must a man do' said the voices he could hear
Until he felt her tears and ran fast to reopen the door.

Love was still waiting for him as it had never gone
That day he understood the secret that a rose reveres:
In their generous heart women are the virgins of love.

Compass

From the North comes the cold wind
From the South the gloriously radiant sun
In the East the celestial bodies of light are born
In the West they leave us when the twilight begins.

Each day the compass searches for love's position
Even though we all know it comes from God
His gift to enrich us and teach us how to live his vision
To grow and develop wonders like the tree of gold.

When love is lost in some labyrinthine dead end
Or is in solitary hiding due to a pain he cannot bear
The compass goes wild losing its natural sense.

Happiness becomes sad and laughter is no longer heard
Animals run away and birds forget their songs in pairs
The heart shrinks empty of the blood that ran afraid.

Portals

Women are doors opening to love

With the keys of passion and purity

To the fusion of two worlds into one

In the wings of dreams to infinity.

They know how to love and be loved

Because without it their lives are invalid

Like a barren field or dunes of desert sand

With nothing to give prospects are squalid.

She was born to love and vibrate with passion

To offer all of herself to the ones beloved

The portal into the inner world of deep attraction.

Love is what we will become rotating in space

When we join the essence of light at once stunned

Of our passage here that will be the only trace.

A special moment

Your eyes are closed like folded petals

There is an angel smile in your resting face

Asleep your body exudes a virginal appeal

A scent of flowers in the early morning haze.

Barely audible breathing does reveal

You seem to be dreaming at a gentle pace

This moment for me is so very special

I could look for hours at your luminous face.

Wake up my love, dawn has brought its light

The passions of the night are still with us

Love is still with us and the sun is shining bright.

Wake up my love and let's sing together

The never ending song of happiness is still with us

Let's sing together our Song of Songs forever.

Housemate

An It that wants to be me has tricked me many times

And no doubt he will try it again until the very end

He seeks to take control of my actions and my mind

Wishes to deviate my heart to worldly power in vain.

About the search for purity he objects to its lack of value

Or changes its mind if such a quality can be exploited

About seeking the truth he always shows it as devalued

Unless it can claim that to develop it he was appointed.

As hungry as a lion, as vile as a hyena, as predator as sin

He will do anything for a front cover and have the last word

A parasite, a stowaway, a virus always desperate to win.

Somebody living in the next room has his own needs

A few are legitimate on earth and necessary to preserve

"Keep fighting" is the message for the soul to be free…

The shadow

Yesterday It had a massive fit of jealousy

He could hardly contain its feelings and anxious whims

Because a friend of mine had praised somebody worthy

Instead of praising me or rather instead of praising him.

He sounds very convincing saying it's all for my benefit

But when I go down the stairs he will try to make me fall

It doesn't like me straight or kind or what he wrote on a list

A long list for trapping me in the world until I am no more.

Sometimes the shadow follows me and others is way ahead

Conspiring and planning the next take over to run my life

Its roots go so deep into earth it will not die until I'm dead.

This is the daily struggle, the holy battle for heart and soul

A clay merchant wants to keep me inside a pot in exile

But I was not born to remain a prisoner in this world.

Within

Women starved of compliments fall off the tree
Chefs without them may not cook anymore
Without gold prizes athletes soon become retirees
Politicians without adulation soon grow old.

Men without female support tend to lose their way
Without praise artists lack new inspiration
Musicians without applause may never play again
Without adoration sportsmen suffer isolation.

Silence is the arrow to author's Achilles heel
Insecurity runs riot among those that live without
The resonance they need to be able to breathe.

And yet 'without' does not contain what's 'within'
Nor does it mean that lacking can cause fallout
There is so much in life once we can see…

Gratitude

In our first encounter he told me
'A teacher can give you qualities you do not have'
And that is precisely what he gave me
Over many years of inner work I became a new man.

Looking back I can clearly see and understand even more
How much he gave of himself to those who followed him
The youth I was is now a man who had not yet been born
He gifted his heart and knowledge to purify our being.

His uniqueness and greatness was recognised by all
Although he did not encourage a personality hook
All of him was always there for us to learn how to know.

There were many of us and some of us still remain
Following the path of wisdom he left in his many books
And his example is still guiding us each hour of each day.

Time

Half a century of love rowing on the same boat
Climbing daily mountains or walking down gentle paths
Fifty years building the family refuge with future scope
Caring for each other with all the love we still have.

Romance at the start showed the sequence not the end
Two hearts sang at the same time and love sailed away free
On the waves of life through experiences never the same
Intensities of an adventure imagination could not foresee.

We've done so much and yet so much remains to be done
We've learnt so much and yet so much there is still to learn
The main comfort is love that grows as lovers we become.

Fifty years is rich time in this plane and we'd like more
Before we join the infinite Love that will never end
When we'll hopefully be part of the essence we came from.

Vignette II

As Finches sit whilst eating at the bird table

And attack any other bird daring to land there

Blue and coal tits demonstrate how capable

They are swooping in to take the grain elsewhere.

Also unruly squirrels tend to sit there for long periods

Having forgotten where they hid their winter food

Forcing all birds to wait, fast or to be ingenious

By eating each fallen grain on the ground where it stood.

All this bird and squirrel activity does not go unnoticed

As winter is also long for young Falcons and Buzzards

Which leads to a sudden migration or a burial of feathers.

Some human finches, tits and buzzards have been noticed

All sharing the same needs and similar attitudes or hazards

The difference being so many options to other measures…

Up and Down

Although the pace of ageing feels like going uphill
Due to increasing physical aches and pains
In fact slowing down means one is going downhill
Already imagining what will be the dead end.

Going downhill is much kinder on the knees
And taking it easy is beneficial for self-observation
But it's much harder for the mind losing the key
To strength, independence, memory and orientation.

It's even a lot harder to accept a social downgrade
When younger people -though not young- suggest the bin
Teasing with lack of respect or launching into a tirade.

Of course there is nothing like a younger wife to feel young
Strong and full of zest whilst wearing a cheerful grin
The love medicine reaches the heart as fast as a good song.

Vignette III

An adolescent saw a man looking at food on a plate
And asked him whether he would like to eat it
He answered promptly Yes and she beamed elated
With a big smile telling him to 'enjoy it'.

The man told a friend discreetly in her ear
What the young lady had done noticing he was hungry
But this was overheard by a young man who was there
Who repeated it for others to hear the secret, sadly.

The adolescent went back to the kitchen
To see the man eating the food with great pleasure
So she repeated to him 'enjoy your chicken'.

The first time her face was lit by adolescent purity
The second time it was her shadow's abusive measure
Robbing the young lady of what had been instinctive duty.

In

The poet lives in the house next door
That's where he wakes up listening to verses of a song
In Jasmine's perfumed night and in the light of dawn
In reveries of sounds living in a time of his own.

In the orange's white blossom and the sensitivity of a rose
In the scented lovers' garden where her beauty shows
In the emotive fear of birds that fly off all at once
At the slightest movement when even food is renounced.

In the solitude of another space where difference reigns
Present and absent is one living in another domain
In the tremors of the heart when love embraces him.

When a prayer is heard in the happiness it brings
In the depths of his soul returning to his essence
When destiny finally calls to his next existence.

Joy

Sweet tears of joy were shed by the heart
Each time he was rescued from drowning
Like fireworks of the stars in the night
Celebrating the source of loving.

Happiness irrigates each and every part
From the roots of the soul to the flow in the mind
Every time that one receives the Saviour's touch
Life returns joyfully to the original design.

Humility arrives as peace reaches the heart
Recognising our given place in the moving world
Nothing is the same once we can accept our task.

To admire somebody else's work is good for man
To kneel before the Creator's majesty is good for the soul
There is nothing better than to feel very small.

Need

Human compassion is a demonstration of love

And there are many who have that disposition

As a gift they are prepared to share with everyone

From the kindness of their heart without condition.

And there are those who received much compassion

In a lifetime of problems as well as health disasters

Always looked after in each and every occasion

And yet none of that love made them compassionate.

Those that can offer compassion without thinking

Not counting or expecting a reward on earth or in heaven

Have expanding hearts that spend the day singing.

Alas, those that have received but somehow cannot give

Have shrinking hearts within which their love is uneven

In the end, to be compassionate is their vital need.

Lapse

During a certain period of time
When entering the room where our Teacher was talking
He would stop and the students would keep silence in line
After which the effect was prompt and very far reaching.

The lapse would last a few long seconds of uncertainty
Swallowing saliva whilst trying to absorb the message
That one carried a strong worldly smell in quantity
Disturbing the harmony of the group and the lesson.

One remained embarrassed and in a state of shock
Hurt and unstable until our Teacher re-started his chat
When the malaise immediately ceased like a full stop.

Such slaps were in reality very gentle caresses
For the soul until that time suffocated by a worldly mass
Desiring a lifelong status - incompatible with our essence.

One and Another

One puts a lot of effort into completing a work of art
And the other one admires himself in front of a mirror
Imagining the world's press knocking at the door
For the presentation of work he couldn't even start.

One is threading words and sounds in simple verses
And the other one daydreams about literary prizes
Received between loud applause and celebratory praise
As well as a poet that one is also without complexes.

One continues labouring for a better and deeper life
Up the mountain whilst the root pulls us to the ground
Another has his habits and tricks difficult to push aside.

The other one needs its food to survive on this earth
And to accept some of those is worth the peace and calm
To always fight against its power and chains means rebirth.

The Whole

Since for the most part our life is corporeal
Voluntarily locked inside a tight diving suit
Occupied daily to the rhythm of its orders
Only concerned by its fevers and pursuits…

Complaining and issuing imperious demands
Day in and day out immersed in its seclusion
It would be advisable to sound the self-alarm
And come out for air to exist free of delusion…

To understand that apart from physical illnesses
There are those that affect the heart and soul
Which require specialised treatment in most cases…

Except for sure when the main issue is love
As we know exactly which medicine corresponds:
All love maladies can be cured instantly with Love!

Autumn

In the same way that leaves fall from trees
And the delicate petals from all flowers
In the autumn of love fall parts of its skin
Waiting for the next spring of his followers.

Every organism is capable of regeneration
In accordance with its original nature
The Design is one flawless act of Creation
To accept what's given helps us to nurture.

The fallen leaves fertilize the earth all around
Enriching the same tree and also new seedlings
No action loses its effect - notably on love's holy ground.

It is a perfect plan in every known dimension
To be born of a root or semen and grow to live spreading
Love: to fecundate the hearts for the next generation.

The Voice

I jot down the word love and the question comes:
'Do you just write about love or do you really love
Are you promoting a concept or practising it now
Do you play the ancient lyre or are you a modern man'?

I respond: 'you are very right sweet voice of truth
Usually a poet knows how to fly before he can walk
I felt just now a very deep pain because of you
A sudden flash of sincerity invaded my thoughts'.

I ask myself: 'why don't I love more and write much less
Why do I often recommend and yet not always follow
When will all poems be written after the embrace'?

I confess that my beloved many times asked the same
Dear truth I promise to expand my heart much more
Beyond my beloved family and my inner circle of friends.

Observation

Sharing each other's intimacies
Is part of women's parallel world
Sometimes they are real secrets
But it's mostly what men should not know.

It's thousands of years of advanced therapy
To lighten the mind and freshen up the spirit
They learn from each other immunotherapy
And practical solutions, making it easier to exist.

We men usually share our best exploits
And very often the sports' results
The rest is buried inside a treasure pot.

It's thousands of years of us being the leaders
For a physical force nowadays no longer needed
It's about time we shared the special qualities received.

Ecstasy

The tale of the rose begins with its perfume

Inundating the gentle folds of our memory

As if time had no defences to be immune

To its delicate presence in our reverie.

Her scent is as intoxicating as it was then

Awakening the senses and the distant mind

Something that I receive being very content

Enjoying the rose in a garden today alive.

Neither her deep red petals are aware of death

Nor her tremor alters when the moon detaches

The ecstasy of her poetry is always there.

She only lives to give her perfumed essence

Opening the doors to the inebriated voyage

As the tale of the rose continues in these verses…

Legend

The Jasmine's legend comes from the sun
The star that drives it crazy with its heat and light
Drunk with vitality its pregnant flowers run
To breed each time in their immaculate white.

Against a wall secures its preferred home
A corner wall it likes even more for protection
The shade derived allows him a daily *somme*
Night time brings the sorcery of love to fruition.

That distant house once welcomed him
And there it grew, as it continues to grow now
The passionate impact of its aroma still within.

Inebriating everything and everyone
Lovers lose their senses and to its magic bow
The happy ones...

Denial

Maybe the ancients were not simply superstitious
Perhaps there were grounds for their ancestral fear
They certainly did not think they were superior
Did not act as if vital messages they could not hear.

It seems they were more in tune with the forces of good
And understood that very often there was a connexion
Between their daily actions and the will of God
Nothing seemed to be accidental in His Creation.

A much harder life did not remove their innocence
Humility was more natural to them as slaves and retainers
From childhood they grew up learning acceptance.

We now feel so unrealistically powerful
And yet our fear of calamities is very much greater:
We are in denial of the sins that drown our souls.

The one

Greed is a serial killer
Of everything that is good in us
A force that knows no barrier
To spread its evil like a virus.

Hungry every second of the day
Seriously addicted to desire
Knows every trick to get his way
It's *'no prisoners'* motto is dire.

What can one do when it's hiding
Impersonating another character
Or the *'it's all for you'* he is whispering?

It is the holy war of self-defence
The daily battle to outwit and conquer
The fortress built on sheer pretence.

Ode

They were born millions of years before Adam and Eve
To prepare the Earth for animals and our own arrival
Our earliest august ancestors were gigantic trees
The first symbols of divinity ensured our survival.

Their own descendants purified the atmosphere
And have been our brothers and sisters since the first time
Breathing in gas and exhaling oxygen which we respire
They have been companions and witnesses in line.

We revere their presence and silence in solitude
Whilst their vital messages circulate underground
The world we cannot see is part of their beatitude.

The home for birds and animals and musings of our mind
Trees are always ready to receive human love aloud
They certainly give much more to keep us alive.

Reborn

Even though it had been left without any roots

The Normand pine stood proud in the living room

Its brutal stump standing on water like a sore foot

In a container incomparable to its forest home.

It was however very cheerful surrounded by lights

Glittering on ribbons and golden peacocks and balls

Dressed up like the Prince of pines day and night

Listening to music and the sound of laughter and more.

The farewell morning came with sadness for the family

And an immortalised look of despair for the Prince

As it was left in the yard dishonoured and very angry…

They saw that it refused to die even covered by snow

Lying on the ground homeless and without a chance

So it was planted and now it is a tall Prince against all odds.

Act

A seed not planted will never grow on land
This will also happen with matters of the heart
If actions are merely floating in the mind
Hesitating or unable to motion their first act.

Some know this since the day they were born
Others are still learning about it the hard way
The first ones are the silent teachers for all
The latter ones need reminding every day.

Nature is not chosen but it can be tamed
As a calcareous field can be nourished
When helping the roots to sprout is the aim.

Equal or unequal one must use what is given
And what is lacking is meant to be replenished
Otherwise we would become the lazy unforgiven…

Mind chains

When love takes the wrong turn to rejection
Somebody had felt a pain that would not subside
Much as the person tried there was no connection
With the previous affection that was once alive.

There is always a determined cause for physical pain
As there is for a wound in the tendons of the heart
Except that for the latter is much more difficult to find
Because the hurt invades the mind tearing it apart.

Sometimes rejection can last for a very long time
As the heart is pushed aside by polluted thoughts
Which create their own labyrinth designed to malign.

Mercifully even without doctors a heart knows the cure
After tracing and studying the nerve ends of the cause
By breaking the mind chains to restore what was pure.

Today

There is nothing like fear to raise the alarm
Intimidating us into sudden humility
Reminding us of our natural fragility
When the galloping threat is about to arrive.

Yesterday we thought we had total control
Over an inexhaustible store ready for consumption
Today we can clearly see that we have none
It took just a few hours to reach this conclusion.

We've always learnt plenty after the event
And it will be the same now for a period of time
What a pity how promptly our memory forgets…

However, let us remember Omar Khayyam words:
'O let us not forecast tomorrow's fears
But count today as gain, my brave compeers!'…

To all Savers

Ladies and Gentlemen,

We have an urgent announcement to make:

The Earth shareholders have met and decided

That their profits are much too low to accept.

It is therefore our duty to increase them

By whatever means are acceptable to our Board

As we certainly do not wish our planet to end

By upsetting its dedicated and rightful Lords.

These are measures we do not take lightly

As we are sure you will fully understand

This is a time when we must all accept the reality…

Regretfully, we must reduce the interest on your savings

And we trust there aren't any objections planned

Our fair system will save the world from collapsing!

Channel

Once the flame ceases

Light and heat will be gone

The poetry that was released

Will soon be no more.

It warmed the heart each day

Lighting up the path ahead

On their own the verses came

To be written on the page.

A generous gift is a blessing

To be accepted with humility

Good people work on that basis.

The other one may be confused

Thinking about *his* creativity

As if a channel was not used.

Grand

When a grandchild arrives

It is always a great celebration

As it opens a new door to love

Free of the first obligations.

By then one has learnt

Through many trials and errors

In the first life as a parent

How to be the right saviours.

What one missed doing in the first run

Can be rightly fulfilled in the second one

Through the transmission of love.

It is the golden door in a lifetime

Which opens so that we can offer our lore

To guide the new-borns towards the sublime.

As it is

Days are getting thinner

Almost floating like clouds in the sky

Nights are getting longer

Dawn takes much too long to arrive.

Age walks at its own pace

Unconcerned about the effect it has

The mind slows down with a sad face

The body one day will say: Enough!

Even waterfalls dry up without rain

Until the loaded clouds return

Water is always welcome in a cascade.

When the balance of life is good overall

There is less cause for concern

As age is just preparing us for the day we'll go.

Hardest

Holding one's anger is the most difficult

Of all the tasks we face in this world

Justified or unjustified or on principle

It's still the hardest battle of all.

The heart is taken over by a raging storm

A tornado sucks the air from our lungs

A volcano of convulsions breaks all norms

And all of life concepts shatter in the mind.

The pain is so intense, the emotions so strong

That one could simply explode

Not knowing what to do or which way to go.

Wisdom teaches us to become learners

'And advices us to withhold

Anger' for the harm it can do to oneself and others.

Acid

Vengefulness is the lowest of the lowest
Hurting much more the human bearers
Than those that provoked the protest
Who may or may not have been offenders.

When expressing or transmitting revenge
One is just left feeling deeply ashamed
Of having kept poisonous emotions again
Aware that one may share part of the blame.

Most of the time opposites teach each other
Even if that is always very hard to accept
Bitterness becomes salt whilst learning wins over.

Revenge is very different from self-defence
Which every living thing has the right to exert
When life is threatened or there is a serious offence.

Boomerang

No matter how many lies are told

By those abusing power they hold

Or how many distortions they sell

The Truth will prevail.

Lies have a very short life

They are soon found out

Even if covered by other lies

From underneath some will shout.

Unfortunately it is a human sign

A real malediction of the evil one

A curse of the very worst kind.

Radioactive in a very short time

It turns to its master like a boomerang

Until it totally destroys the man.

Vignette IV

One person made a mistake

That directly affected another one

And a third one by ricochet:

It all became a knot to be undone.

Easy to say but difficult to do

Because untying one person

Meant knotting the other two

And freeing two meant a diversion.

One apologised for the fault

Number two accepted the apology

Number three ignored the lot.

Three are still involved

Two continue discussing the logic

Case number three remains unresolved.

Sequence

A tempest may be followed by another one
Even more powerful and destructive
Ravaging life day after day like none
As if their real purpose was instructive.

It is easier to bow down to their force
And understand their biblical proportions
As the consequence of natural sources
Than to control explosive human emotions.

A tempest in human terms can be predictable
As the consequence of internal and external fighting
Accumulated darkness eclipsing the small sun available.

When a violent storm is raging inside a woman or a man
Everything is unpredictable if there is no ultimate loving
Sometimes life depends on the thinnest ray of the sun.

Antidote

Humour is the best antidote to poisonous angst
As it shakes the step ladder of all added concerns
Causing them to fall promptly like a pack of cards
At least for a period of time until they add up again.

It has the capacity to pulverize the edifice of pain
The caves where the mind stores records of sorts
Everything that is real or partly unreal but not sane
Is broken up by the simplicity of a cheerful approach.

The wise know how valuable it is to have a good laugh
To let the heart expand and liberate a wide smile
To see things differently enriching our everyday life.

The incomparable Nasrudin is the King of jokes
And a guarantee that everything he says is worthwhile
His stories can change our mood in one single stroke.

Vignette V

In the Land of Experts

There are daily discussions

On every possible subject

That has repercussions.

Each and every issue

Is always taken apart

Dissected to extinction

Then back to the start.

Disagreeing is essential

To maintain one's position

But this is confidential.

We'll be long dead and buried

Before they agree on solutions

Their concern is to remain needed.

Unique

The Luma family were standing tall
In their island on the Patagonian lake
To respect their life and privacy we were told
To watch our steps and avoid damage by mistake.

A handsome large family in a regal forest
Their cinnamon skin and white bodies reflecting the sun
They were treated with great reverence and zest
Untouchable they had been from day one.

We could not resist inviting one of them
To travel back to Europe for a new life
Unfortunately he was dead upon arriving home.

But one day in a park on Welsh fairyland
One Luma Apiculata AKA Arrayán said Hi!
And gave us a seedling to plant on our grateful land.

One and only

He just returned after a long absence
That had left us full of deep sadness
His golden throat warbling its presence
In a song that brought back happiness.

Such a wonderful, incomparable singer
Made all the trees, bushes and flowers
Sing with him enraptured in early spring
And the bees to dance in pollen showers.

It made us stop walking in the park
Frozen on the spot as immensely happy devotees
Enjoying its territorial song of love from the heart.

Wearing his usual tuxedo lit by a yellow beak
The blackbird puffed up its chest to trill the melodies
In natures' concert hall with its fluted low pitch.

Untitled

All this light

And yet the heart is dark

Everything is so beautiful

And yet the heart is not joyful.

All this sunshine

And yet warmth does not arrive

All these blessings

And yet continued suffering.

Worldly problems ask for peace

Tiredness requests a break

The heart begs for release.

On the long road to love

Illness is part of what is at stake

Safe are those aspiring to the realm above.

Value

The time is coming

When you and I will have to change course

We will soon be arriving

At the point of no return by force.

It is no longer possible

To ignore the harm we've inflicted upon ourselves

With hubris, greed, vanity and being irresponsible

With all the gifts received that we can't extend.

You and I have run out of the choices

We had, but did not count on them at the time

It is our lot in life to face up to the consequences.

The wise say this world has a special value

As the preparation for the next domain

So it was not conceived to be destroyed or devalued.

Aura

To experience both knowledge and humility

Combined in the heart and mind of a human being

Is so moving that tears fall in awe of such quality

The open manifestation of the purest blessing.

The effect of the encounter goes so deep

Into the recesses of the soul's aspirations

That the touch of an immanent force can reach

Every vital part of the one receiving the emanations.

The chosen ones come to the world like loaves of bread

Fresh and rich in ingredients exalted by the Baker's fire

They are our signal reminders of the way ahead.

Most of us are destined to search for such treasures

And life may well end without them being acquired

But simply their aura gives us so much hope and pleasure!

Female Workers

Sitting under the regal Linden tree

On a gloriously sunny afternoon

One can hear the choir of humming bees

In the open air theatre of scented blooms.

The May performance under the Linden dome

Unique as it's always been not only for habitués

Will continue until the very last light has gone

As the workers covered in pollen sing their best.

Indefatigable, from flower to flower they go

Harmonizing the sound with the rays of the sun

The music with the colours of green and gold.

The choir will fade slowly when they can no longer stay

As their Queen will be waiting till they come

To the palace chamber where honey will be made.

Chirping

There is nothing like the happiness of birds

When dawn's light is the cause for celebration

Not knowing what will bring the new day

Will never diminish their jubilation.

Will the family have enough food

Will the chicks be safe flying alone

Spring and summer are always good

But what will happen when winter comes along?

It would seem that birds live for the minute

Then the hour then the day then the season

Positivity appears to be their main attribute.

They will continue chirping and flying their lives

On the wings of hope for the simple reason

That they know God will provide.

Return

Two hares have been crossing the courtyard
Morning and evening as in an open field
A young rabbit is looking at me as I read
Wondering *what-who* I am as it's thinking hard.

Female Thrushes are enjoying a bath in the fountain
Several male Blackbirds singing let themselves be seen
The wildflowers have welcomed billions of bees
Never seen before birds arrive from the mountains.

The air is purer and the noises are only from nature
Peace has landed on this patch of earthly domain
Perhaps this is only a brief moment of a possible future.

It so happens that we are now barracked in health forts
And all animals have promptly returned to claim
Their share of the Kingdom we so often distort.

Wanderlust

So much to see so much to inhale so much to learn
A world so long so large so ugly and so beautiful
People of so many colours and so many trends
A lifetime of experiences that became so meaningful.

Was the depart an imperious need or a deep desire?
Was it rejection of the past or future ambitions?
It was all of that and much more to go higher
To find oneself in the search for human completion.

It is a very long road and one may not arrive
But walking the path is so tangibly good for the soul
As crossing oceans and climbing mountains keeps us alive.

Inward travel encounters many perils but more blessings
Desire becomes need and learning is the main reward
That is the valuable lesson these words are expressing.

Here and There

If you look for me

You'll know I am a tree amongst trees

A bird singing tremolos to exist

A leaf surrounded by many leaves.

If you look for me

You'll find me talking to the Cedar

Drinking from the Acacias with the bees

Evoking the Palm and the Rose as they were.

If you look for me you'll see me on the horizon

And on the crowns of the wheat gilding the prairie

Or riding the sound and the music of this song.

You'll know I swim in the river of metaphors

Letting the currents take me whenever they are ready

As poetry is a journey companion that demands my soul.

Oh!

Oh Gazelle

You walked towards my heart

Even though so very young then:

Your soft steps still walk my path.

So beautiful and elegant

So graceful giving smiles like flowers

The light of your eyes was constant

And your heart all bountiful showers.

Coming from the source of purity

Your innocence was always true

And my companion your fidelity.

Oh Gazelle of many loving years

There is no end to what I receive from you

May future pastures continue to be shared!

Passage

She went to bed upset and disappointed

But woke up singing like a bird in spring

Rushing about with a smile and undaunted

As she had an exciting new plan to reveal.

She had written about how life needed to be

And what steps were to be taken to advance

The description was clear and easy to read

It was a cheerful proposal with an open chance.

Between night and day she had discovered

Many unexpected demonstrations of love

And this had opened for her a new path to be followed.

She knew only a small part of what she now understood

And she said that revelation had come to her from above

That is why I believe that everything she said is true.

Aristocracy

The most fruitful reality of a genealogical tree
Does not come from a material aristocratic line
It ascends with nutritious sap from a love seed
That grew in those born from the same kind.

At least titles once had the value of responsibility
Nowadays these are very rare and far between
Noble lineage is recorded as a transmitted quality
In those who live dedicated to what they do and give.

Considering that land and property are not talents
And titles as such do not confer gentility
Truth and genealogy may not always balance.

The love seeds that have grown in a woman or a man
Coming from a pure origin of virtue and generosity
Will always share the nobility that makes them grand.

Hadrat

In his presence men and women heard far-away voices
Murmurs of other fountains, echoes from an urgent call
Inciting their hearts to lift at once and rejoice
Awakening them like drums in a saintly war.

He always declared his mortality and only God's perfection
But the touch of his hand and his life steps were different
His concerns not the same, his time in another dimension
His patience and kindness were always infinite.

Austere like a Saint and generous as a devoted King
He was the magnanimous guardian of human progression
Teaching us how to learn and become our real being.

He knew what we needed each day and every moment
For him to be was to serve and to serve was his lesson
Knowledge was the source of his life and legacy his content.

Grace

The mind was emptied

The heart was filled

The spirit was lifted

The soul was released.

The anger was buried

The pain was removed

The fight was nullified

Thus the peace ensued.

What seemed a mountain

Became a plain field

What seemed danger a love fountain.

What had built up over time

Was promptly healed

His grace touched us with a force sublime.

Voices

Good morning amanuensis

You may recognise our voices

We are the words you heard

At various times of night and day.

We came from very far and very near

Depending on how free was your heart

If it was troubled you would not hear

You only heard us when it was calm.

Our source is always flowing

Words as fresh as water

To wash the heart of a poet writing.

Soon we'll cease whispering

And you will miss our chatter

As this long book will soon be ending.

Zero

Peace

Gentle breeze

Shade under a tree

Sheer bliss.

No worries

No stories

Nothingness

Inwardness.

Heart and soul at rest

Horizon south and East

Horizon West.

A place on earth

A place in space

No fear of death.

Self

Empty of myself

Everything is lighter

Verses come from space

Needing a writer.

Just for a silent moment

Everything was round

And East was also West

There was no up or down.

It was only a thought

Not a dream but a longing

When my eyes were closed.

What a wonderful feeling

To float without floating

Being without being!

Please

Oh loving one, please do not age

Trying to catch up with my years

The road we follow is the same

So you have nothing to fear.

We've been together for so long

And yet love is still young

Your life is precious to enjoy

Without hurrying up its time.

The maple and the magnolia

Were one day planted together

And yet each one has its own Gloria.

We both have our given time

Our given tasks separate as ever

Oh loving wife, please take your time…

Life and Death

To die loving is the hope
Still seeking for the inner joy
Of receiving what we need most
Blessings for the journey of the soul.

To die with grudges is so awful
Like hyenas they devour the heart
To die with hatred kills the soul
Ignorance is what allows it to start.

When that day, announced or not comes
Leave your baggage behind to travel light
It's better when all the work has been done.

To die loving is the most precious hope
Love travels in both worlds reaching its height
It is our destiny to admire the Master's stroke.

Speed of Light

When so much was lost and so little could be seen
When zero hope there was and life was always mean
You crossed the darkness at the speed of light
And 'with the arrow of love You pierced my heart'.

When the hill was too steep and worries too intense
When fear blocked both feet and life went into reverse
You traversed the Universe at the speed of light
And with magnificent force You put everything right.

When the pain was too much and the pit dark and deep
When crying had dried up and the eyes could not see
You rearranged all the stars at the speed of light
Shining right above and I regained my sight.

When the road led nowhere and every sign was wrong
When fear brought despair and the future was no more

You crossed the heavens at the speed of light

And with Love's perfume You awaked my heart.

Whenever I needed You I received your compassion

Whenever I failed I knew You would be merciful

You were there on each and every occasion

And until I was reborn You blew into my soul

You pierced my heart and blew into my soul…

Quotation from Jalaludin Rumi

Gazales de Amor y Vida

A mis Bienamados

"A los arboles altos los mueve el viento

Y a los enamorados el pensamiento".

Canción medieval Española

"Cuando el amante y su Amada se reúnen,

ni siquiera un cabello puede desunirlos"

Farirudin Attar, *Las siete ciudades del Amor*

PREFACIO

El Gazal es una forma poética centrada en las diversas expresiones del amor, derivada del Ghazal Árabe cuyo origen se sitúa en el séptimo siglo, introducido más tarde en la España medieval durante el Califato Omeya.

Estos Gazales han sido escritos para el canto melódico o la recitación A Cappella y por lo tanto las rimas son siempre asonantes. Al leer estos versos, deja que tu mente absorba los significados y las cadencias de los versos, y que tus oídos escuchen la música de sus rimas.

Si…

Si hay un Corazón que canta

Como un nido de pájaros

Cuando el primer sol se levanta,

Si hay un corazón que abre sus velos

Como una rosa brindando su néctar

Perfumado desde su desvelo,

Si hay un corazón pan del día

Caliente y recién horneado

Feliz de alimentar la vida,

Si hay un corazón en vuelo

Hacia el jardín encantado

Donde hay paz y sosiego,

Si hay un corazón que es fuego

Hogar y sustento

Y oído atento del ruego,

Si hay un corazón que es amor

Y pájaro y jardín y es todo

Radiante como el sol

Es el corazón de mi Amada

Siempre en mí, siempre a mi lado

Siempre en mi corazón desbordado.

Todo

Agua en el desierto

Y fuego en el invierno

Para vivir despierto,

Savia de las raíces

A la cúpula del árbol

Para las hojas felices,

Refugio en la montaña

Sombra en la pradera

Y paz en la cabaña,

Nutrición del alma

Y cura del enfermo

Que recupera la calma,

Protección del guerrero

Y espada del protegido

En el mundo efímero,

Manantial de la pureza

Luz, esperanza y Amo

Que nos guía con certeza,

Aroma del otro mundo

Al que vuelan los sueños

En el viaje profundo,

El Amor es todo lo nombrado

En el jardín de todos los aromas

Y mucho más y todo lo atesorado

Regalo de Dios que nos emociona

Nos libera paso a paso alcanzado.

Esos ojos

Tus ojos
Esos ojos espejos de tu alma
Reflejos de tu luz interior
Luceros en la noche calma,
Brillo del oro que atesoras
Cuando el amor te llama
Con el pasar de las horas,
Mundos gemelos orbitan
En el espacio de mi vida
Cuando al mirar excitan,
En ellos me pierdo cada día
En ellos mis ojos te encuentran
Esos ojos de profunda armonía
Y recóndita belleza.

Manitas

Tus manos

Esas manos puras y delgadas

Manitas de duende cercano

Cuencas delicadas

De las que bebo a sorbos esenciales

Juntas son como un nido

Entre los brazos carnales

Allí donde nace el latido

Y solas como las alas

De dos palomas

Volando separadas.

Tocarlas y besarlas

Es como sumergirse entre flores

Apoyar la frente en tus palmas

Es como olvidar los dolores

Llegando de un largo viaje

Rozar su virgen terreno

Descubrir el bien que hacen

Volver a sentirse nuevo.

Dorados

Tus pies desnudos

Reposan en la sábana blanca

Inocentes y sensuales

En la luz matinal

Dejan su aroma virginal

De primorosa magnolia.

Los beso todavía dormidos

Y saben a pan recién horneado

Miel y manzana

Mis labios rozan tu piel

Recorriendo su dulzura

Al despertar de los sentidos

Admirando su hermosura

Cuando amor y pasión

Declaran su presencia

Están allí los dos

Angélicos y terrenales

Dorados por el sol.

Jardín

Flores del ensueño
Azahares del naranjo al sol
Camelia y perfumado jazmín
Azucenas y variado malvón.

Santa Rita y magnolia
Nardo y azalea carmín
Amapolas y girasoles
Rosa escarlata sin fin.

Tú eres ese jardín de flores
Ese bendito corazón
Terreno de nuestros amores
Con perfumado color.

Rosa

Tu rosa abre sus pétalos

Mojados y tiernos

Acogedores y ardientes

En la noche apasionada

Embriagando el momento

Con su estimulante perfume

Cuando el temblor más íntimo

Y el placer más profundo

Recogen la esperanza del amor

La vibración del pasado y del futuro

El encuentro de dos corazones

Y dos almas entrelazadas

En su paraíso terreno

Esperando volar juntas ese día.

Tú

Tu Ser Perfumado
Que sería de mí
Sin tu Ser Amado?

Parte mía, a mi lado
Dentro y fuera de mí
En mi costado
En la tierra y el aire
En el fuego dorado
En la luz y en la noche
En el viento desbocado
De víscera y de piel
De sueño endulzado
De pasión y de sed
De amor despertado
Ebriedad del jazmín
Y del pétalo encarnado

Bendición de tu espíritu

Por el sol coronado

Alegría desbordante

Del vivir purificado

Generosidad vertiente

De tu corazón honrado

Qué hubiera sido de mí

Qué seria hoy de mí

Sin tu Ser Perfumado

Sin tu Ser Amado!

Luz

Su sonrisa brilla como una estrella
Sus ojos y sus labios sonríen
Su luminosidad la hace más bella
Su cálido corazón sonríe también.

Sonríe en constelaciones de luz
Que destellan en el cielo humano
Inundando de alegría y salud
Los corazones que están cercanos.

Como pajaritos cantando al sol
Ella despierta la maravilla humana
Sonriendo radiante su sol interior
Regalando su calor cada mañana
La sonrisa profunda del amor.

Hacedores

Fue en aquella tarde dorada

En el instante mismo

Que se cruzaban nuestras miradas

Y nuestros pasos respondían al destino

Cuando el sol del amor nos guiaba

Que los dos nos reconocimos:

Corazones gemelos que esperaban

El encuentro por fin cumplido

Ella es desde entonces mi enamorada

Y yo soy desde esa tarde su amor vivo.

Tanto pasa y tanto ha pasado

Muchas vidas hemos vivido

El amor siempre ha quedado

Aun si algún dolor hemos sentido

Por ese amor hemos luchado

Aun cuando los dos hemos caído

Amar sigue siendo un artesanado

La obra de dos seres unidos.

Mujeres

Las mujeres sufren para darnos vida
Dolores que nunca conoceremos
Preparadas a morir por amor un día
Generosidad que nunca alcanzaremos.

Ellas comprenden mejor que nosotros
Las diversas sutilezas del amor
Saben con certeza leer sus rostros
Un conocimiento al que no damos valor.

Deberíamos admirarlas mucho más
Aprender de ellas cómo vivir
Cátedra sobre la vida nos pueden dar.

Deberíamos amarlas mucho más
Aprender de ellas cómo existir
Maestras del amor ¡tanto pueden enseñar!

Oasis

El viento desliza

Los tenues rastros

De un escarabajo en la arena

Y más allá las huellas de un camello

De las que nada queda

Las dunas que fueron ya son otras

Y cambiarán de otra manera

Linear, espiral, curvadas

Oleajes de formas serenas

Y volúmenes impacientes

Nada de lo que fue vuelve a escena

En las arenas del desierto

Solo la sed y el agua tienen la misma vena

El horizonte la misma distancia.

Ah, tan solo acordarse del viento

Y de los granos que forman la arena

Dejándose llevar sin perder el sentido

Tan solo vivir en la hora esencial que llega

En los pasos medidos y la sed de conocimiento

Tan solo un dátil y la sombra de la palmera

Hurgar en el bolsillo del alma

Y encontrar la brújula que nos lleve afuera

Hacia el sendero invisible del ser acogido

El oasis que nos espera.

Amigos

Este año murieron dos queridos amigos
Dos venas de mi corazón dejaron de fluir
Pero los recuerdos serán siempre testigos
De cuánto me ayudaron a vivir.

Un amigo fue leal hasta el final
El otro me ayudó durante añares
Ambos fueron mis mejores amigos de verdad
Y para ellos versifico hoy mis pesares.

Lealtad y ayuda me ofrecieron generosamente
Ambos con la misma dedicación y empeño
Espero haberles ofrecido algo humanamente.

Sus corazones y acciones siempre presentes
La savia reavivará esas ramas del alma en sueños
Descansen en paz mis queridos con Dios eminente.

Dolor

Cada vez que he sido herido

En un accidente o en una pelea

En algún momento que he vivido

Sabiendo o ignorando la causa

Siempre algo he aprendido.

A veces han sido temas del corazón

Dolores intensos y espasmos agudos

Relacionados con los vaivenes del amor

Y otras veces han sido situaciones del alma

Heridas de pecados o errores con dolor.

Por una u otra razón

De la pena y el dolor mucho aprendí

Transformando lo que he sufrido en valor

Si bien es él quien más nos enseña aquí

Tratamos siempre de detener el dolor

Con la fuerza natural del miedo a resistir

Porque sufrir no es nuestra elección.

Destino

A medida que el cuerpo envejece
El corazón se agranda y profundiza
El amor que vivimos nos rejuvenece
El sabio espíritu se agudiza.

La vejez está hecha del tiempo pasado
Errores y éxitos acumulados
El corazón ha aprendido a ser amado
Sabiendo que el futuro es Dios dado.

Quejas y dolores perjudican la salud
Cortocircuitos afectan la mente
Corazón y espíritu reconocen la virtud
El horizonte invisible es providente
El alma ve el fin de la esclavitud
Sabe que nuestro destino es consciente.

Consejo de amigo

Acusó erróneamente a otra persona sin razón
Y como consecuencia recibió una picadura
No fue venganza de otro sino su propio aguijón:
Asegúrate de no actuar sobre la base de conjeturas.

Él sufría una sobredosis de supina ignorancia
Que confundió su mente en extremo pretenciosa
Nunca permitas que te guíe la arrogancia
Si no quieres juzgar de manera perniciosa.

Hizo mucho daño a otros por ser apresurado
Olvidando que no tenía una base para emitir un juicio
Y así reveló su recelo interior desmesurado.

Antes de atacar a otra persona debes estar bien preparado
Y aun si crees tener razón más vale actuar sin prejuicio
Asegúrate de limar las asperezas por si estás equivocado.

Bálsamo

Un tajo es una herida

Que marca una enseñanza

De la cual uno aprende

Lo que pesa en la balanza.

Un dolor es un anuncio

Una llamada a la puerta

La preocupación inesperada

La razón que nos despierta.

Un pesar no tiene olvido

Lastima el corazón a fondo

Como una piedra inmovible

El peso queda en lo más hondo.

Hay tajos, dolores y pesares

Golpes de la vida que son malos

Y hay los tajos de una espada

Que saben extirpar lo malsano

La cirugía de un Maestro

Conocedor del remedio sano

Que sin dolor cura al enfermo

Con el puro gesto de su mano.

Guía

Un tajo de su espada se cicatrizó rápidamente
Del dolor quedó solo la lección
El mensaje fue tan claro como la vertiente
Seguir el sendero recto es la misión.

Sus acciones más severas fueron cálidas
Diseñadas para despertar lo más profundo
Latentes en el corazón necesidades válidas
Él supo cómo plantar en terreno fecundo.

Preparó la nutrición más pura para el alma
Dio su vida entera para enseñarnos a aprender
El hombre tan generoso dejó viva su llama
Y su lumbre propaga la necesidad de saber.

Su legado es un tesoro para los que quieren Ser
Purificar lo impuro que nos impide comprender

Y encontrar la fuente del amor en el amigo fiel

Él fue el Maestro que me guio a Su Rey.

Infinito

Un perro cerca de morir le dijo a su dueño
'Yo sé bien que tú no me amas ni has amado
Puedo leer en tus ojos un fuerte desdeño
Siento el fondo de tu corazón helado'.

Un gato en sus últimos días dijo a su dueña
'Sé que tu marido siempre me ha odiado
Pero tu amor cada día a superar me enseña
Por eso te agradezco lo que me has dado'.

Si un perro y un gato tanto valoran el amor
Quejándose cuando les falta a los dos
Y cada mañana los pájaros cantan al amor
Qué es lo que continuamos anhelando hoy?

Ya que la vida es tan corta y hay tanto para resolver
Y el mundo terreno olvida lo que es superior

Ya que el corazón debe amar para el alma crecer

Quién puede ignorar el regalo de amor infinito de Dios?

La Poesía

Las palabras susurran al oído
En el profundo espacio de la noche
Saben que escucho sin derroche
Cuando despierto escribo lo vertido.

A veces me encuentran en el camino
Suaves palabras vibran en mi mente
Piden que las escriba inmediatamente
A veces ya rimadas con sentido.

La fuente de la poesía fluye siempre
Borbotean las palabras como el agua
Para quien las escucha son muy sabias
Sus mensajes nos llegan libremente.

Escríbelas con cuidado amanuense
No olvides nunca de dónde provienen

El flujo del manantial no se detiene

Si aceptas contento que te influencien.

Amantes

Dos amantes se funden en la noche de pasión
Dos corazones tocan sus tambores al amanecer
Dos espíritus contentos sellan su unión
La llama del amor fue creada para engrandecer.

La chispa que encendió el fuego les fue dada
A los amantes que se calentaron en su comunión
En sus corazones la pasión creció equiparada
Dos se convirtieron en uno en su reunión.

Felices son aquellos que construyeron su amor
A partir de la llama que iluminó sus vidas
Apreciando cada día y cada hora su calor
Comprendiendo que amar solicita energía.

Bendecidos son aquellos que realizaron su amor
Del regalo recibido para comenzar la aventura

Aportando leña al fuego para mantener su fulgor

Dedicándole el tiempo necesario a su frescura.

Veneno

El rencor envenena la Fuente del corazón
Como ningún dolor o emoción logra hacerlo
Quema una a una las semillas del amor
Y así mueren los brotes sin poder detenerlo.

No todo el mundo vive a diario con rencor
Son muchos los que se protegen con espada
Evitando así sus estragos y maldita quemazón
Muchos otros con la fuerza del amor blindada.

Aquellos que no logran controlar su efecto
Tienen un corazón demasiado sensible
O nacieron con el espíritu así dispuesto
En cuyo caso deben vivir con una carga terrible.

Uno lucha tanto como la propensión permite
Esperando que la sensibilidad nunca más vibre

Pero el rencor propaga su veneno y resiste

Por eso el amor requiere una fuerza indestructible.

Furias

Las furias del mal

Se lanzaron al viento tormentoso

Aullando como hienas desbocadas

Aterrorizando gentes y animales

Como si el fantasma de Gengis Khan las guiara.

Salieron del fondo de un volcán

Con la voracidad del fuego en explosión

Y un humo espeso de mentiras y maldad total

Que cubrió todo lo que en su camino encontró

Como si otro mundo quisieran crear.

Hay furias en cada región humana

Donde se alimentan de falsedad, error y rencor

Y de tanto apilarse la maldad gana

A tal punto que contamina su nauseabundo hedor

Tanta negatividad acumulada es siempre malsana.

Solo santos y ángeles pudieron resistirlas

Tuvieron más fuerza que las furias del mal

Hombres, mujeres y niños se refugiaron en las islas

Esperando sobrevivir protegiendo la verdad

Sabiendo que al final Su luz siempre brilla.

Naufragio

Las lágrimas que un día fueron vertidas
Cuando una tristeza profunda oscureció el corazón
Tenían su historia para contar las heridas
Que en muchas situaciones causaron un gran dolor.

La barca que transportaba el amor había naufragado
Y con ella todo su tesoro en el fondo del mar yacía
La vida misma ya no podía salvarse a nado
Y la esperanza exhausta no encontraba una salida.

El amor puede ser fuerte y frágil al mismo tiempo
Capaz de hermosas hazañas o de perderlo todo
Como un barrilete arrebatado por el viento.

Toma tiempo y paciencia recuperar el sentimiento
Y mucho esfuerzo y cariño reavivarlo a tono
Ya que el amor pide la devoción total del juramento.

Poder

Un pesado dolor fue alzado como una pluma
El corazón detuvo su enloquecido galope
La desesperación se diluyó como la espuma
La ansiedad se borró con un solo toque.

Viciados pensamientos huyeron con el viento
Cuando la frente rozó la tierra en su plegaria
Despareciendo de una vez ya sin su alimento
Y los demonios ardieron en la pila funeraria.

De un golpe cesó el sufrimiento amontonado
Respondiendo a la urgente llamada
El corazón encontró su espacio liberado
Con la brillante luz de amor inspirada.

'Él tiene poder sobre todas las cosas'
Salvador de corazones y almas

Regalador de sus perlas preciosas

Iniciador de la primera llama.

Ella

Rojo es su color

De la sangre mana

Roja es su pasión

Ardiente su llama.

Concebida para amar

Da todo de sí misma

Generosa sin mermar

Un átomo de su carisma.

Rojo es su sol naciente

Su espíritu canta de alegría

Irradia la virtud latente

El amor de su propia vida.

Roja es su romántica luna

Hechizante en la noche rosada

El placer de su jardín perdura

En la felicidad alcanzada.

La Fuente

La seguían como pájaros en bandada
Detrás del labriego sembrando su campo
Sabiendo que allí la nutrición se encontraba
Y que sus corazones volarían de encanto.

Ella tiene la cualidad de un amplio corazón
Una sonrisa luminosa que invita a la amistad
Siempre dispuesta a dar sin condición
Ya que su don natural es la generosidad.

No es un ángel sino una mujer encaminada
Sin una sombra en su espíritu o en su mente
Su vida desde siempre fue con amor guiada
Para darse entera a quien su corazón despierte.

La pureza es reconocida fuera de la fragilidad humana
Como el oro que en aguas turbias yace luciente

Cuenta con su gran cualidad que a los humanos llama

Es la fuente original que magnetiza a la gente.

Quedan

Hay rastros que devienen grietas
En los caminos de la memoria
Y siempre de algún modo inquietan
Al corazón herido en su historia.

Ningún material logra cubrirlas
Tampoco aguja e hilo las cierran
Ni el olvido puede esconderlas
Abiertas para siempre quedan.

Profundas heridas de una caída
Un golpe o un tajo inesperado
Esas cosas que suceden en la vida
Y lo dejan a uno avergonzado.

Es más hondo el dolor del agravio
Más agudo sentirse humillado

El haber perdido un ser primario

Por otro sin buscar encontrado.

El guardián

Con la mano en el corazón
Indiqué que era un amigo fiel
Y él de la misma manera respondió
Desvelando la oscura tez de su piel.

Señaló por dónde entrar a la mezquita
Y al llegar allí me estaba esperando
Dudaba de mi verdad requisita
Y sus ojos me seguían observando.

Del corazón llevó la mano a sus labios
Encontrando mi mirada abierta
Hice los mismos gestos solidarios
Notando aún su mirada irresuelta.

Sus ojos calmos querían ver mi fondo
El espacio donde la verdad reside

Constatar el destello en lo más hondo
Asegurarse que la mentira no desvíe.

Repetimos los gestos de pureza
Y me mostró dónde dejar el calzado
Observó mis abluciones de limpieza
En paz sabiendo que no era traicionado.

En lugar de palabras hubo gestos
Los corazones se conocieron entre ellos
Las dudas no tenían ningún objeto
La confianza canceló los recelos.

La plegaria encontró su espacio
El alma perdió el miedo a ser dudada
Un lugar en el mundo requiere ir despacio
Hasta encontrar la paz deseada.

De no ser

Si no fuera por el amor

Qué fuerza nos quedaría

Si no fuera por amar

Qué valor existiría?

Iríamos por la vida a ciegas

Tanteando los recodos del camino

Perdidos cada día a la espera

De una mano que nos lleve al destino.

Al precipicio hubiéramos caído

En aquel mar nos hubiéramos ahogado

El más leve dolor nos hubiera abatido

La razón de ser nos hubiera abandonado.

Si no fuera por el amor

Si no fuera por amar…

En lo más íntimo

Ella estaba esperando pacientemente
Como una rosa el rocío de la aurora
Ella temblaba ante la luna ansiosamente
Se estremecían sus pétalos al caer cada hora.

Ella se marchitaba por el amor ya ido
Lloraba desesperada por la puerta cerrada
Su hombre aún no había comprendido
Cuánto lo amaba y tanto más lo necesitaba.

Él estaba enojado creyendo que le había dado su vida
'Qué más debo hacer' ansioso se preguntaba
Hasta que sintió sus lágrimas y corrió hacia ella enseguida
Abriendo la puerta de par en par al ver a su amada.

El amor lo estaba esperando porque nunca los abandonó
El llanto cesó al instante y ella le ofreció su alma perfumada

Ese día supo el secreto femenino de la rosa enamorada:

En sus corazones las mujeres son vírgenes del amor.

Un momento

Esa mañana

Como a menudo lo hacía

El amante admiraba a su amada

Mientras ella dormía

Sus párpados eran pétalos plegados

Y en la calma de su rostro un ángel veía

Mientras que su cuerpo acostado

Emanaba un aroma virginal que lo atraía

Como las flores del jardín al amanecer

Cuando su respiración apenas se escuchaba

Revelando sueños apacibles a la vez

Por eso un momento tan especial le encantaba

Tanto que no se cansaba de admirar su rostro luminoso

Para él era la experiencia de una gracia plena

Embriagadora aun después de tantos años de ser su esposo

Un despertar con la esencia de amar en las venas.

Le decía entonces

'Despierta mi amor, despierta

Los placeres de la noche viven con creces

Las pasiones han dejado la puerta abierta

Despierta mi amor

El alba ha llegado con su luz eterna

Y los pájaros le cantan al Creador

Despierta mi amor

Cantemos los dos juntos a la luz más bella

Que ilumina el corazón

Cantemos juntos a la gloria

De vivir conociendo el amor

Que es parte esencial de nuestra memoria

Cantemos juntos al cielo y al sol

A la noche azul y al nuevo día

A todo lo que vive recordando a Dios

A los mejores años de nuestra vida

Y a todo lo que Él nos dio

Despierta mi amada

Cantemos juntos nuestra canción

Olvidando los pesares

Recordando sólo la felicidad del amor

En nuestro Cantar de Cantares.

Así continuaron los dos tortolitos

Jóvenes en el corazón

(Aun cuando empezaron a sentirse viejecitos)

Emulando a los pájaros con su canción.

Recuerdos de la Alhambra

El tiempo se ha detenido en la tarde de un verano
Perfumado de rosas, jazmines y laureles rosados
Dos jóvenes enamorados se llevan de la mano
Sabiendo que es la tarde de un lugar encantado.

Aunque todo parezca estar allí muy cercano
Tienen la sensación que proviene de otro lado
El aire es diferente, el presente más lejano
Les ofrece la premonición del amor esperado.

En el oratorio aún vibran aquellas oraciones
Que estremecen hoy a los dos enamorados
La biznaga en su cabello desata las pasiones
En el instante de los sueños despertados.

Una visión fugaz atraviesa los aposentos
Y los patios casi imaginarios del palacio

Sus cabellos de oro refulge un sol lento
Y la sombra los alumbra en su espacio.

Ella se desplaza como una gacela etérea
Princesa y odalisca en su fábula viviente
Sabe con toda certitud que es la más bella
Y ha cautivado su corazón para siempre.

El agua escribe sus poemas temporales
En las fuentes y acequias refrescantes
Los versos gotean sus metáforas vitales
El amor le canta a todos los amantes.

Una niña y un niño en estado de gracia
Las pupilas dilatadas por tanta maravilla
Se pierden en el jardín de la fragancia
En las fuentes y en la luz que tanto brilla.

El embrujo de la belleza es siempre puro

Despierta el corazón en lo más profundo

Nos llama a lo que puede ser otro futuro

Es un regalo que nos recuerda lo fecundo.

Ella es la más bella princesa enamorada

En los palacios más bellos del reinado

Sus ojos cuentan la historia encantada

Del largo viaje de amor que ha realizado.

Es un anochecer de jazmines perfumado

Y rosas vírgenes de tanta hermosura

Ella se embriaga con su enamorado

Y la pasión consuma toda la ternura.

Sigue el verano que un recuerdo vale

De aquella Alhambra roja y fascinante

El agua escribe sus poemas temporales

En las fuentes y acequias refrescantes

Los versos gotean sus metáforas vitales

El amor le canta a todos los amantes.

Hadrat

En su presencia hombres y mujeres
Escucharon lejanos rumores
Murmullos de otra fuente
Zumbidos de la llamada urgente.

Sintieron los pasos del corazón
Cambiar de rumbo
Redoblando su ritmo
Al sonido del tambor.

Despertaron del mundo ilusorio
Entrando en el terreno de los sueños
De los anhelos premonitorios
De la verdad sin dueño.

Insistió siempre en su mortalidad
Y solo de Dios la perfección

El toque de su mano dio la paz

Sus pasos y su vida fueron una lección.

Supo ser rico y pobre a la vez

Invisible e imponente al mismo tiempo

Humilde y altivo supo ser

Siempre lo necesario en el momento

Vulnerable y majestuoso

Guerrero y gentilhombre

Abierto y misterioso:

En la nobleza de su nombre

Ser significó servir

Servir significó saber

Y saber fue la fuente de su ser.

Diferente

Ese extranjero es muy extraño
Vive en un pequeño terreno
Ancho como el lugar que pisa cada año
Ese es su país por un momento al menos.

Su nación es como él y a la vez como él es
Donde esté y adonde vaya es un extranjero
Pertenecer es un verbo muy antiguo para él
Yace bajo la tierra donde nació y amó primero.

En vez de tristeza o depresión sigue contento
No pertenecer aquí o allá qué gran alegría!
Para él mejorarse donde vive es su fundamento
Ser diferente lo mantiene despierto cada día.

Prefiere ser esclavo de quien lo ama como es
Servir a sus bienamados por el resto de su vida

En el reino del amor nadie es extranjero antes

O después que el corazón reciba la bienvenida.

Demonios

Cuando vibra la armonía en una casa
Los pájaros se alimentan y cantan en el jardín
Beben en la fuente mientras las ardillas descansan
Y los habitantes disfrutan de cada hora sin fin.

En cambio cuando hay discordancia y conflictos
Diablitos se instalan para comer y reproducirse
Creciendo su maldad e incitando al resentimiento
La casa les pertenece si el dolor no logra despedirse.

La negatividad es un imán para las fuerzas del mal
Siempre hay una causa antes que sean parte del drama:
'Una vez que la caravana tiene un contratiempo real
Mil demonios caen sobre ella', advierte la sabiduría anciana
Y así ocurre si los camellos del amor no pueden continuar
Habiendo dado todo de sí, los detienen fuerzas malsanas…

Horizonte

El viento borra los tenues rastros
De un escarabajo en la arena
De las dunas que hubo otras se acumulan
Lineares espirales curvadas
Agitadas formas y volúmenes
En movimiento irregular
Constante.

Nada de lo que fue es igual en las arenas del desierto
Solo la sed y el agua tienen el mismo valor
El horizonte la misma distancia.

De nosotros quedan rastros en la tierra
Besos que hemos dado, corazones que hemos amado
Semillas del amor que hemos plantado
En las almas encontradas.

Nada continúa salvo el amor que ningún viento se lleva

Su dimensión es inconmensurable en el espacio sin espacio

Nuestro destino es el invisible horizonte de la Esperanza.

El Maestro

En un primer encuentro me dijo:

'Un Maestro

Puede darte cualidades que no posees'

Y eso fue exactamente lo que él hizo.

Muchos años después observo

Y aún más comprendo

Cuánto me dio y cuánto se esforzó

Para que yo naciera de nuevo.

El muchacho que fui ayer

Hoy es un hombre que no había nacido

Fue el regalo de su corazón y sabiduría

Lo que de pronto me hizo crecer.

Quien anduvo perdido conoce el miedo

De caer en un pozo ciego algún día

Por eso aprende rápido a reconocer
Su salvador cuando encuentra el sosiego.

Aceptó el reconocimiento de su grandeza
Solo como testimonio de la fuerza divina
Rechazó la adulación y el culto a su persona
Sus regalos siguen siendo hoy nuestra riqueza.

Siempre que se enojó por alguna falta mía
En realidad se refería al otro yo que es un tirano
A ese que vive a cuestas lo castigó públicamente
Y así aprendimos a proteger la esencia respectiva.

Fuimos muchos y somos tantos todavía
Quienes seguimos los pasos de su sabia escritura
Donde dejó todo un camino ya trazado para nosotros
Y tras tantos años su misma luz aún nos guía.

Este no es un panegírico ni tampoco una oda

Es la verdad más simple y directa en agradecimiento

Al Maestro cuyo ejemplo vibra en nosotros

Cada minuto, cada segundo y cada hora.

Sin y Con

Mujeres privadas de cumplidos pierden confianza
Chefs sin aprecio no cocinarán por mucho tiempo
Sin medallas los atletas consumen la esperanza
Políticos sin adulación devienen viejos muy pronto.

Hombres sin apoyo femenino pierden el sentido
Sin alabanzas los artistas no encuentran la inspiración
Músicos sin aplausos no entienden qué ha sucedido
A falta de ser adorados los deportistas sufren la aislación.

El talón de Aquiles de un autor es la flecha del silencio
La inseguridad destruye a quienes viven dependiendo
De la resonancia que necesitan en cada momento
Y aun así lo 'ausente' esconde lo 'presente' sugiriendo
Vivir a fondo en la búsqueda de nuestro ser despierto
¡Tanto nos espera si no desesperamos al ir aprendiendo!.

Oro

La mitad de un siglo amando y remando en la misma canoa
Escalando montañas a diario o siguiendo calmos senderos
Cincuenta años construyendo el refugio familiar cada hora
Repartiendo el cariño desde el amor primero.

Nuestro romance inicial contenía la secuencia no el final
Dos corazones cantaron juntos y el velero desplegó sus alas
En las olas de la vida hacia experiencias de un valor capital
La exaltación de una aventura que sigue y no se acaba.

Hemos hecho tanto y todavía nos queda tanto por hacer
Como evidencian los cambios de la edad y del sentimiento
Hemos aprendido tanto y aún queda tanto por aprender
Sabiendo que las sutilezas del amor piden entendimiento.

Cincuenta años de tantas riquezas marcan una vida plena
Damos gracias cada día a la providencia que nos cuida

Y esperamos seguir amando hasta la hora de la partida

Cuando el viaje nos lleve de regreso a la esencia eterna.

Siglo XIII

La Maestra mística dijo

Refiriéndose a su discípulo preferido:

'No he visto nunca a nadie como él

Cuando viene a verme

Lo hace con todo su ser

Sin dejar parte alguna de sí afuera

Y cuando se va

Sale con todo su ser

Sin dejar ninguna parte suya detrás'.

Ella tenía más de 95 años de edad

Y a su discípulo le avergonzaba mirarla de frente

Porque en su rostro notaba las mejillas rosadas

Y la fresca belleza de una muchacha de 14 años

En el apogeo de su gracia.

Identidad

Crees ser uno y en realidad eres otro
O es el otro que no es pero quiere ser uno
Apoderándose de lo que es solo un rostro
Robando la identidad de quien está de turno.

Hay quien se pierde en el laberinto de personas
Que confunden o embaucan a algunos
Pero no a uno mismo cuando la mente razona
Conociendo las mañas del truhán como ninguno.

Esa sombra que nos sigue quiere representarnos
Poseyendo nuestra riqueza o lo que sea vendible
Comerciante de valores reales hasta rebajarnos
Atracador de caminos este sinvergüenza increíble.

Vive de uno como un parásito a medias escondido
Necesita de nosotros como un disfraz oportuno

Este carcelero que desea mantenernos en el olvido

Ocupando el centro de la escena en un segundo

O recogiendo los premios que otro ha merecido

Este personaje anclado totalmente al mundo.

Perlas

Entre las mareas del recuerdo

Y los guijarros despeñados de la memoria

Entre las puertas a las que ya no vuelvo

Y los preciosos momentos de mi historia.

Entre lo que perdí y lo que he encontrado

A lo largo de una vida tantas veces bendecida

Entre lo que me dolió que ya he olvidado

Y la oscuridad conocida, queda una luz viva.

Entre aquél que fui y el que es hoy día

Después de tanto andar buscando el gran tesoro

Entre el que se perdió hasta encontrar la salida

Y el gran sol que ilumina como refulge el oro.

Las horas que pasan son perlas de la vida

Que al final regresan al mar donde nacieron

Se escapan muchas veces malheridas

Si no sabemos apreciar cuánto nos dieron.

Aquél

En el día de lo que ya no vuelve
En el país de las oportunidades perdidas
Cuando tanto fue echado por la borda en el muelle
De un puerto otrora pleno de esperanzada alegría
Hoy ya nada se resuelve.

Quedan la inteligencia imberbe y el talento derrochado
La soberbia y la arrogancia y el primero yo aventurero
Así como la ansiedad natural de los antepasados
Trasvasada a generaciones sin justificación para ese miedo
Que los abuelos y tatarabuelos sintieron como emigrados.

Es un misterio tan inexplicable como los agujeros negros
Tan insondable como el universo extensible
Un gran almacén con todos los beneficios extremos
Derrochados por la codicia y un mal incomprensible
Como si un pueblo borracho hubiera dilapidado su granero.

Es casi una historia bíblica del hijo que perdió su herencia
Desagradecido para con la labor incansable de sus padres
O una de esas fábulas en que la última presencia
De dudas o falsas moralejas dejan la conclusión en el aire
Y la necesitada lección brilla por su ausencia.

Edad

Es muy extraño y a la vez muy real:
La vejez nos lleva de regreso a la infancia
Este no es un descubrimiento como tal
Pero sí una gran sorpresa sin gracia.

Contrariamente al cuerpo quejumbroso
La mente toma el carácter de un niño
Jugando con el tiempo y muy celoso
Como olvidadizo, descuidado y muy pillo.

Es un período en parte bastante divertido
Porque uno deja a la gente boquiabierta
Sorprendida al ver y oír a un viejo sin sentido
En vez de representar la vejez que alienta.

Aunque también es un período indeseable
Ya que poco a poco uno se siente aislado

Por esta situación real e incontrolable
Determinada por unos genes programados.

En fin, es como es y no hay vuelta de hoja
Uno debe vivir la hora que ha llegado
La niñez en la ancianidad tiene sus cosas
Positivas como todo lo que nos han regalado.

En

Dónde vive el poeta?

En la casa de al lado

Es allí que se despierta

Oyendo versos inspirados.

En la noche del jazmín

Y en la luz de la aurora

En el ensueño de un chiquilín

Latiendo en otra hora.

En el perfume de los azahares

Y la sensibilidad de una rosa

En el jardín de los amores

Donde pasea su hermosa.

En el miedo de los pájaros

Que vuelan espantados

Apenas se cae un cántaro

O se les muere un hermano.

En la soledad de otro espacio

Donde existir es diferente

Desarraigado sin ser reacio

Corre en otra vertiente.

En el temblor del corazón

Cuando el amor lo abraza

Cuando suena la oración

Y la felicidad rebasa.

En el fondo del alma

Volviendo a su esencia

Cuando el destino lo llama

Hacia otra existencia.

Necesidad

La compasión humana es una demostración de amor
Y hay muchos que ya nacen con esa inclinación
Como un regalo natural que comparten con candor
Hacia el prójimo desde el fondo de su corazón.

Existen aquellos que han recibido tanta compasión
En toda una vida de penas y dolores intensivos
Siempre cuidados y calmados en cada ocasión
Y aun así no han demostrado ser compasivos.

Aquellos que pueden ser misericordiosos sin pensarlo
Ni con una expectativa de recompensa terrena o celestial
Tienen corazones expansivos que pasan el día cantando
Mientras que quienes han recibido pero no pueden dar
Tienen corazones encogidos sin poder evitarlo
Por eso ser compasivos es para ellos una necesidad vital.

Uno y Otro

Uno se esmera terminando una obra

Y el otro ya se pavonea frente al espejo

Verse en rueda de prensa es su maniobra

Para atribuirse algo que no ha hecho.

Uno ha hilvanado unos simples versos

Y el otro sueña con un premio literario

Recibido entre celebraciones y aplausos

Además de poeta ya se considera un sabio.

Uno sigue escalando a diario la montaña

Y la raíz terrena tira fuerte hacia el llano

Es allí que quiere validar sus mañas

E ignorarlas todas resulta ser en vano.

El otro necesita nutrición para vivir en el mundo

Y ocuparse de algunos de sus apetitos vale la pena

Luchando siempre contra su poder oriundo

Para liberarse de sus pesadas cadenas.

Lapso

Durante un cierto período de tiempo
Al entrar en la sala donde el Maestro charlaba
Él se detenía y los alumnos guardaban silencio
Tras lo cual su efecto muy pronto me llegaba.

El lapso duraba unos segundos inciertos
Tragando saliva y absorbiendo el mensaje
Que uno olía a mundo y quedaba descubierto
Afectando la armonía del grupo en su clase.

Uno se quedaba incómodo y sorprendido
Dolido, apesadumbrado y desamparado
Hasta que el Maestro retomaba de nuevo
Y el malestar desaparecía sin pasado.

Un tal cachetazo era en verdad una caricia
Para el alma en aquel entonces escondida

El mundo lucha por una posición vitalicia

Y la esencia da otros fundamentos a la vida.

Otoños

Así como caen las hojas de los árboles
Y los delicados pétalos de las flores
En los otoños del amor caen sus pieles
Esperando la primavera de sus fieles.

Todo organismo viviente se renueva
De acuerdo a su naturaleza primera
El diseño es magistral no cabe duda
Aceptar sus dones es lo que ayuda.

Las hojas caídas nutren el terreno
El mismo árbol y los brotes nuevos
Nada pierde el efecto de su acción
Como ocurre en los ciclos del amor.

Es un plan perfecto en toda dimensión
Nacer de una raíz o simiente o un don

Para crecer, vivir y amar todo en la vida

Y al final abonar la tierra para el que siga.

Esencia

El cuento de la rosa empieza con su perfume
Inundando los pliegues de la memoria
Como si el tiempo no le fuera inmune
Gracias a su delicada presencia en nuestra euforia.

Ese aroma sigue siendo un presente vivo
Que despierta tanto el olfato como el corazón lejano
Algo que con un gran placer recibo
Disfrutando de la rosa en un jardín hoy muy cercano.

No conoce la muerte el rojo profundo de sus pétalos
Ni su erguido valor en los días de aquellos veranos
Ni el temblor de enamorada en el anochecer del patio
Ni tampoco la ensoñación del poema humano.

No sabe sino continuar a vivir su esencia perfumada
Abriendo las puertas de par en par hacia el viaje ebrio

Cuando perder los sentidos es la paz re-encontrada

Y el cuento de la rosa escribe los versos del misterio…

Reflexión

Intercambiar sus historias íntimas
Forma parte del paralelo mundo femenino
A veces son grandes secretos y otras cosas ínfimas
En todo caso no deben llegar al oído masculino.

Son miles de años de terapias muy avanzadas
Para aligerar la mente y reforzar sus corazones
Aprenden entre ellas a inmunizarse de entrada
Encontrando soluciones prácticas sin discusiones.

Pobre de nos que apenas contamos nuestros éxitos
Y más que nada los resultados deportivos
Que el resto está enterrado en el jardín es bien cierto:
Son miles de años de ser los líderes fidedignos
Por la fuerza física en un puesto que hoy es superfluo:
Ha llegado el momento de compartir cualidades y destino.

Leyenda

La leyenda del jazmín viene del sol
El astro que lo vuelve loco con su luz y calor
Borracho de vitalidad en sus flores preñadas
Naciendo cada una con su blancura inmaculada.

Una pared es su hogar preferido
Un rincón lo es aún más si se ve protegido
Unas sombras le permiten descansar
La noche es su sortilegio para enamorar.

Aquélla casa le dio la bienvenida
Y allí creció como crece hoy día
El bálsamo milagroso del amor
Su vertiginoso impacto de pasión.

Embriaga todo a su alrededor
Árboles y plantas, señorita y señor

Inhalan su aroma y pierden la cabeza

Los amantes que de amar no cesan.

Oda

Un árbol dice tanto a sus más cercanos
Con su silenciosa y esbelta presencia
Esos antiguos y augustos hermanos
Que precedieron nuestra existencia.

Millones de años antes que Adán naciera
Llegaron nuestros ancestros a poblar la Tierra
Gigantescos árboles que purificaron la atmosfera
Preparándola para nuestra llegada primera.

Fueron los símbolos iniciales de la divinidad
Que por milenios aseguraron nuestra supervivencia
Absorbiendo gases y exhalando oxigeno primordial
Nos han dado todo para proseguir nuestras vivencias.

Reverenciamos su altura y su prestancia tan bella
La aparente soledad en los bosques de sus amigos

Sabemos que debajo las raíces se comunican entre ellas

Ese mundo que no vemos ni escuchamos está vivo.

Hogar de pájaros, ardillas y animales

Están siempre dispuestos a recibir el amor humano

Y ellos dan su forma de amor en las hojas primaverales

Y en las flores cuyo perfume atrae abejas ya bien temprano.

Veneramos el creado origen de los soldados del bienestar

Reconocemos así el parentesco con los antepasados

Algo muy fuerte como profundas raíces tiran hacia la paz

En lo más recóndito del alma ellos se mecen acompasados.

Renacido

Si bien lo habían cortado dejándolo sin raíces
El pino Normando se mostraba erguido en la sala
Su muñón tocando agua en un bol para infelices
Nada que ver con la foresta que había sido su casa.

Así y todo se lo veía muy contento cubierto de luces
Titilantes en las cintas y esferas de todos los colores
Vestido como el Príncipe de los pinos con sus cruces
Y medallas, escuchando música y las risas de los mayores.

La mañana de la despedida fue muy triste para la familia
Al notar la desesperación en las ramas del Normando
Cuando lo dejaron por los suelos del patio con desidia
Ya que no veían cómo sobreviviría sin raíces a su mando.

Con gran culpa observaron cómo luchaba contra la muerte
Resistiendo a nieve y lluvia a la intemperie del invierno

Tan heroico y determinado que lo descubrió la suerte:

Plantado con honores hoy es un alto Príncipe Normando.

Hoy

No hay nada como el miedo para sonar la alarma
Intimidándonos hacia una repentina humildad
Recordándonos de nuestra básica fragilidad
Cuando una cabalgante amenaza quiebra la calma.

Ayer pensábamos tenerlo todo bajo control
Sobre un tesoro siempre disponible a nuestro alcance
Hoy constatamos exactamente lo opuesto con terror
Solo en unas pocas horas comprendimos este percance.

Desde tiempos antiguos aprendemos *después* del evento
Sean terremotos, guerras, pestes o diabólicos tiranos
Y así continuaremos por largos periodos de tiempo
Qué pena olvidar pronto lo aprendido: así no avanzamos…

Muchas veces ayuda recordar a los sabios del pasado
Y su ejemplo, como en estos versos de Omar Khayyam:

"Oh, no pronostiquemos los miedos del futuro

Mas contemos hoy como una ganancia,

Valientes hermanos!"

Acto

Una semilla sin plantar seguirá dormida
Y lo mismo ocurrirá en la esfera del corazón
Si la acción sólo flota en la mente entumecida
Vacilando sin capacidad para actuar con amor.

Hay quienes lo saben desde el nacimiento
Y otros que lo aprenden a los golpes en su vida
Los primeros son nuestros silenciosos maestros
Los segundos necesitan tres llamadas cada día.

No elegimos nuestra naturaleza buena o mala
Lo cual nos condiciona como un libro escrito
Pero por cierto tenemos la posibilidad de domarla
Si pasamos de la idea a la acción bien rapidito.

Así como abonar el terreno despierta a la semilla
Utilizar las cualidades recibidas es el primer acto

Y lo que nos falta se debe reponer en seguidilla

De lo contrario seremos holgazanes de facto.

Durísimo

Contener la cólera es lo más difícil
Que uno pueda enfrentar en la vida
Justificada o no es como un misil
Muy destructor en mano enemiga.

Penetra el corazón con una rabia ciega
Como un tornado aspira todo el aire
Y en convulsiones uno ya no respira
A causa de un dolor o de un desaire.

El dolor es tan agudo, la emoción tan intensa
Que uno puede literalmente explotar
Por la presión que ejerce esa nociva fuerza
Quebrando el equilibrio interior hasta el final.

'Fuerte es aquel que puede contenerla'
Con la convicción del mal interno que genera

Y a la vez evitar sobre un prójimo descargarla

Liberando el corazón y el alma que esperan

La purificación de un estado tan negativo

Ya que la cólera a ningún lugar nos lleva

Si deseamos que nuestro espíritu sea positivo.

Antídoto

El humor es el mejor antídoto al dolor
La ansiedad, depresión y la decrepitud
Ya que a estos les causa un intenso escozor
Al vencer esos ciclos nefastos para la salud.

Es capaz de pulverizar un tumor de soledad
Susurrando en las cavidades de la mente
Soplando aire en los pulmones para recobrar
La respiración del espíritu inmediatamente.

Los sabios conocen el valor inefable de la risa
Que despierta al corazón y libera el alma
Son conscientes de la virtud de una sonrisa
Al deshacerse del obstáculo que desarma.

El incomparable Nasrudin es el Rey del humor
Con sus cuentos y descubrimientos inesperados

No se sabe nunca hacia dónde va su intención

Pero sí que divertirá y enseñará lo necesitado.

Círculo

El en país de los Expertos

Diariamente hay discusiones

Sobre todos los sujetos

Que tienen repercusiones.

Cada uno de los temas

Es desmenuzado para empezar

Luego estudiado el sistema

Para de nuevo recomenzar.

El desacuerdo es esencial

Para mantener cada posición

Pero esto es confidencial

Sin ninguna obligación.

Estaremos muertos y enterrados

Mucho antes que estén de acuerdo

Sobre los remedios para curarnos:

Solo les interesa su propio ruedo.

Canales

Cuando cesa la llama

Luz y calor desaparecen

Los versos del alma

Seguro ya no regresen.

Templó el corazón

Y alumbró el camino cada día

Llegaron los versos de amor

Para ser escritos con alegría.

La generosidad es una bendición

Que debe aceptarse con humildad

La buena gente acepta la distinción

Trabajando para mejorar.

Puede que el otro yo se confunda

Pensando en *su* creatividad

Cuando es la llama profunda

Que se propaga en los canales de la verdad.

Desde el alma

Como humildad no tengo

Aunque la sigo buscando

Me queda la honestidad

Para irla expresando.

Para llegar a ser humilde

Uno tiene que alejarse

Del yo que siempre pretende

De todo apoderarse.

Es el Señor de este mundo

Y aquí quiere quedarse

Le gusta la gloria cada segundo

Es codicioso sin nunca cansarse.

Ahogarlo no se puede ni es posible

Por más que la tentación exista

Ignorarlo es prácticamente imposible

Es un pillo que opera en toda pista.

Sabe cómo susurrar sus deseos

Y venderlos instigando la codicia

Azuza la mente primero

Y luego propaga todo lo que vicia.

Como es muy hábil en lo terreno

Conocedor de todos los medios

De hecho lo mejor es darle empleo

Ése es el mejor remedio.

Empleado y con paga bien segura

Es un As de espadas en el truco

Defiende cada propiedad y ayuda

A mantener los bienes como un brujo.

En lo que le gusta es muy servicial

Y en realidad totalmente necesario

Para sobrevivir en la jungla terrenal

En el mundo no tiene adversario.

Por eso dejarlo hacer lo tiene ocupado

Y el corazón y el alma quedan tranquilos

Sin interferencia todo puede ser mejorado

Incluso la humildad se aprende en vivo.

Destello

Esos ojos que brillan

Con la luz del corazón

En el alma destellan

Como un sol interior.

Tu don no espera

Recibir antes o después

Tu amor siempre llega

Tu existencia es ofrecer.

Amor de mi vida

Amiga de mi corazón

Soy testigo cada día

De esa chispa en acción.

Ese amor que regalas

Con todo su fulgor

Esa luz que te ilumina

Es una bendición de Dios.

Cartas

En cada carta abuela escribía
'Mi querido e inolvidable nieto'
Y ya desde el comienzo mi corazón latía
E instantáneamente quedaba abierto.

Eran cartas en las que poco contaba
Sobre sus días o asuntos de la vida
Estaban siempre dedicadas
A transferir su amor con plusvalía.

A la gran distancia me alimentaban
Como una intensa poción mágica
Que desde su cocina me enviaba
Con ingredientes de su mística.

En su vida había aprendido
De criar sus propios hijos

Y la pérdida de su marido

Que el amor en su escondrijo

Es una ausencia imperdonable

Que más vale muy pronto remediar

Y que los errores de los padres

Son faltas para perdonar.

Los padres aprenden a los golpes

Al galope de eventos inesperados

A veces pierden todo el soporte

Que la vida les ha dado.

Luchan para ofrecer lo mejor

A sus hijos como un deber natural

Es por ahí que se esconde el amor

Por falta de atención elemental.

No es que los padres no amen a sus hijos

Sino que el tiempo de empleo familiar

Consume mucho esfuerzo mental y físico

Y amar queda siempre detrás.

Los abuelos ya han aprendido

De sus errores los valores esenciales

Están más cerca del final decidido

Y pueden amar con todas sus fuerzas vitales.

Liberado

Vaciado de mi ser

Todo es más liviano

Versos quieren ser

Escritos con la mano.

En solo un momento

Todo era redondo

No había ni tiempo

Ni visión del fondo.

Ni perdido ni encontrado

La presencia era de aire

Algo que se ha escapado

Sin escapar de nadie.

Fue solo un pensamiento

Que llegó desde el vacío

No un sueño sino un elemento

Del deseo más querido.

Qué sensación tan hermosa

Flotar sin haber flotado

Vivir en todas las cosas

Ser sin ser aprisionado!

Misiva

Mi bienamada me escribió

Acerca de la tristeza

Sabiendo lo que me afectó

Y cuánto dura si es espesa.

Me dice lo que piensa hacer

Para rescatarme del pozo

Su dulzura dentro del deber

Su natural alegría en reboso.

Cuenta con abrazarme fuerte

Hasta que su amor me traspase

Hacerlo donde me encuentre

A cualquier hora que pase.

El sol alumbra su corazón

Desde el Este de su existencia

Le proporciona todo su ardor

Que es gran parte de su esencia.

De la tristeza no sabe nada

Aparte del parecido a una nube

Para ella es algo que se acaba

Ni bien el sol la descubre.

La depresión es desconocida

Por aquellos que no la sufren

Es un mal para otras vidas

Que ya temprano la nutren.

Feliz es quien responde a la misiva

Sabiendo que un sol lo va a abrazar

Quemando toda pizca depresiva

Su Bienamada lo aguarda para amar.

Únicos

La familia Luma nos esperaba erguida
En su isla privada en el ancho patagónico lago
Respetar su vida y privacidad nos pedían
Así como no herirlos ni causar estragos.

Una muy bella familia en su majestuosa foresta
Su piel canela y cuerpos blancos reflejaban el sol
Eran tratados con gran reverencia en respuesta
A la tradición de intocables evitando su extinción.

No resistimos a la tentación de invitar uno de ellos
A cambiar de vida regresando a Europa con nosotros
Pero lamentablemente murió en viaje sin saberlo
Y quedamos muy tristes perdiendo uno de los nuestros.

Hasta ese buen día en un parque del país de hadas Galés
Cuando un Luma Apiculata de nombre Arrayán nos llamó

Reconociendo el amor que le expresamos con honradez

Para ofrecernos un vástago suyo hoy plantado en su honor.

No hay otro

Regresó luego de una larga ausencia
Que nos había dejado muy tristes
Su dorada garganta trinó su presencia
En un canto que nos hizo muy felices.

Qué maravilloso e incomparable tenor
Estimulando a los árboles y arbustos
A cantar en coro con la primavera en flor
Y las abejas a danzar en el polen con gusto!

Nos incitó a detenernos en el parque
Estupefactos como devotos admiradores
Disfrutando de su flauta mágica y su arte
En su territorio amoroso para los calores.

Vestido con su esmoquin habitual y pico amarillo
El Mirlo infló el pecho trinando sus melodías

En el teatro abierto donde en silencio admiraron su estilo

Esencias vegetales, animales y humanas a él rendidas!

Reino

Dos liebres siguen cruzando el patio tranquilamente
Mañana y tarde como si fuera campo abierto
Un conejo adolescente me observa leer detenidamente
Preguntándose *qué o quién* soy en este momento.

Las hembras Merulas hacen sus abluciones en la fuente
Mientras los Mirlos trinan sus invitaciones amorosas
Pájaros nunca antes vistos hoy nos visitan de repente
Billones de abejas beben de las flores salvajes y las rosas.

El aire es muy puro y los sonidos son de la naturaleza
Hay una sensación de paz que una vez había conocido
La tierra huele a pureza y los cultivos se desperezan
Quizá estemos viviendo un momento del futuro escondido.

Sucede que estamos acuartelados en la fortaleza del miedo
Tan inquietos por nuestra salud que nada hemos dañado

Y todos los animales han retornado rápidamente pidiendo

Su parte del Reino antes que lo hayamos destrozado.

La Voz

Ya preparado con pluma y papel
Llamé un día al eco de su puerta
Y volví a llamarla otra vez
Al no recibir respuesta.

Pasaron días sin ningún sonido
Ni otras señales de presencia
Sin duda algo había ocurrido
Para explicar su ausencia.

Ya muy ansioso grité al viento
'A mi oído has llegado tantas veces
No sabes lo mal que me siento
Ahora por no recibir tus voces.'

Esta vez respondió con su voz lejana
'Dedicado amigo de la poesía

Entiendes algo y no entiendes nada

Tú necesitas recibir mi cortesía

Pero es mi voz que hace la llamada

Y no tu ansiedad quien la determina:

Deja pluma y papel en calma

Para que el viento no te persiga.

'Vengo hacia ti cuando hay puerta abierta

Es decir cuando estás dormido u ocupado

Toda vez que tu alma se despierta

Y de tu ser terreno te has despojado.'

Halo

Recibir ambos conocimiento y humildad
Del corazón y la mente de una misma persona
Es tan conmovedor que uno llora ante esa cualidad
Impactado por la bendición que la corona.

El efecto de ese encuentro es tan profundo
Que llega a vibrar en los anhelos del alma
Y el toque de esa fuerza inmanente en un segundo
Recorre las partes vitales emanando su calma.

Los elegidos llegan al mundo como hogazas de pan fresco
Rico en ingredientes horneados en el fuego divino
Y representan las señales recordatorias del camino honesto
Necesarias para iluminar las sendas de nuestro destino.

Retorno

Cuando el cuerpo envejece
El corazón vuelve a ser niño
Y el alma rejuvenece:
Los dos son un buen signo.

Lo que parece una pérdida
Es en realidad un beneficio
El próximo viaje en vida
Descubrirá otro inicio.

Y para llegar a esos cielos
Un alma ya preparada
Y un niño en su desvelo
Olvidarán lo que se acaba.

El viaje

Tanto para conocer, absorber, aprender
Un mundo tan largo y ancho y feo y hermoso
Gentes de tantos colores y otras formas de ver
Una vida muy rica de estudios beneficiosos.

Partir fue un deseo o una necesidad imperativa?
Fue rechazar el pasado o acaso una ambición futura?
Fue todo eso y mucho más hacia la verdadera vida
Encontrándose a uno mismo en esa aventura.

Un camino muy largo que pocos terminan
Pero caminarlo hace tanto bien al alma esperanzada
Cruzar océanos y escalar montañas nos determinan
Así como seguir el faro de luz nos lleva a la nueva entrada.

Un periplo interior con peligros pero más bendiciones
Los deseos devienen necesidad y aprender la recompensa

Un buscador siempre encuentra si toma buenas decisiones

Una valiosa lección del viaje que estas palabras expresan.

Allí y Aquí

Si me buscan

Sabrán que soy un árbol entre los árboles

Una hoja entre muchas hojas

Un pájaro volando entre dos soles

Un jardín donde suceden muchas cosas

Si me buscan

Me encontrarán hablando con el Cedro

Tocando la cresta florida de una Acacia

Felicitando al Olivo que se plantó primero

Escuchando el canto de un Tordo por su gracia

Si me buscan

Vendré con el aroma puro de los azahares

Agitado como el jazmín en pleno verano

Bisbiseando como las abejas en las flores

Bebiendo el vino de la rosa del país lejano

Si me buscan

Sabrán que nado en las aguas de la poesía

Dejándome llevar por el poderoso río sin miedo

Desde temprana edad ella es mi preferida

Una gran necesidad interior antes que un deseo.

Vuelo

No soy aquél que fui

Ni seré el que hubiera sido

Estoy hecho de todo lo que viví

Desde que el viento me llevó consigo.

Me dejé llevar siendo un animal herido

En el bosque de las furias humanas

Deambulando en la oscuridad perdido

Sin saber si había una salida cercana.

Vacío de alimentos, penas y pensamientos

Ligero como las plumas de un pájaro

Sentí las alas desplegarse en el aire a tiempo

Impulsado por la fuerza de Su amparo.

La hora

La vela se está consumiendo
Al ofrecer la luz que le queda
Su suave llama se va muriendo
Recordando lo buena que era.

Fuego y luz noche y día
Temblor amarillo y rojo
Vibraciones de una casida
Su luminosa vida escojo.

Las puertas se van cerrando
Una a una sin hacer ruido
Hacia atrás se van errando
Como si no hubieran existido.

Hacia adelante hay una luz lejana
Unas puertas que son velos transparentes

La hora sonará una vez con la campana

Y la despedida será un hasta siempre.

Coplas de un payador

Todo lo que se fue sumando

A través de los años

Ya empezó a irse restando

Como lo explican los sabios.

No es que uno se queje

De una verdad esperada

Sino que a uno le gustó el viaje

Y desearía que no se terminara.

Las condiciones son bien claras

Como detalla el trayecto físico recibido

Va de una estación a otra donde se para

Si son dos, tres o veinte paradas es indefinido.

No hay ninguna vuelta de hoja

En primera o en segunda o en el techo

Una vez que la campana toca

Hay que prepararse a salir bien derecho

Y mientras que la guitarra suena

Una melodía de todos los recuerdos

No olvidar que la vida ha sido tan buena

Que hoy solo nos queda saber agradecerlo.

La Cruz del Sur

Desde allá lejos y hace tiempo

La Cruz del Sur me llama

Titilando sus estrellas

Cuando la luz se desgrana

Sobre las aguas del gran río

En la cálida noche encantada

Por el jazmín en flor encendido.

"Dónde estás - me pregunta

Que mi luz no te llega

Y mi cruz no te guía"

Aquí estoy - yo le digo

Que ya nunca te olvido

Y en mi cielo te veo.

Alto cielo austral

Despejado campo del alma

Profunda noche estrellada

Que como un fuego nos calma

Como un guardián nos vela

Como el amor se derrama

Allá en la altura los amados vuelan

Brillan luces de los que se fueron.

"Dónde estás - me pregunta

Que mi luz no te llega

Y mi cruz no te guía"

Aquí estoy - yo le digo

Que ya nunca te olvido

Y en mi cielo te veo.

Cruz del Sur

Timón del camino

Me recuerdas a los abuelos

Y a mis seres queridos

Que con su luz de amor me iluminan

Estás allá lejos como una amiga

Fiel y bella

Un símbolo y una guía

Un símbolo y una guía…

Aire de Alegrías

Alegrías de vivir

De estar aquí contigo

Los hijos, los amigos

Alegría de estar vivo.

Descubrir el regocijo

De aceptar agradecido

Los regalos precisos

Que nos ha ofrecido.

Reconocer su halo

En todas las cosas

Y en el ser humano

Cuando lo toca.

Amar y aún más amar

Amar cuanto se pueda

Porque sólo el amor

Es todo lo que queda.

Hoy la providencia

Nos cuida y sustenta

La felicidad influencia

Y a la vez contenta.

Alegrías de cada hora

De la luz de cada día

Del sol que nos augura

La plenitud de vida.

Alegrías de amar

Y de ser amados

Sonreír al despertar

De sueños alcanzados.

Amar y aún más amar

Amar cuanto se pueda,

Porque sólo el amor

Es todo lo que queda.

Oh

Oh Gacela, gacelita

Caminaste hacia mi corazón

Cuando eras muy jovencita

Y allí laten tus pasos aún hoy.

Tan bella y elegante

Diseminabas sonrisas al pasar

La luz de tus ojos era constante

Y tu corazón traía felicidad.

Tu pureza era un manantial

Tu inocencia una verdad

Lo diste todo sin pensar

Especialmente tu fidelidad.

Oh Gacela de los amores

Toda una vida sigue llevando

El flujo de los primores

Que nos van alimentando.

Te pido

Oh Bienamada

No te apures a envejecer

Para acercarte a mi edad

Es bien otro tu deber.

Tantos años llevamos juntos

Y aun así el amor sigue vivo

Significa que no hay disgustos

Que no hemos sobrevivido.

También es significativo

De las profundas raíces

Que el amor trae consigo

Y nos ha hecho felices.

Tu vida es tan preciosa

Que debes disfrutarla

No dejar que sea ansiosa

Ni tampoco apresurarla.

El Arce y la Magnolia

Plantamos juntos un día

Cada uno vive su gloria

Por cuenta propia seguida.

Un libro del tiempo

Ambos hemos recibido

Así como el sustento

Individual aunque unido.

Oh Bienamada por favor

Protege el oro de tu tiempo

No envejezcas por amor

Aunque sea un buen sentimiento.

Esperanza

Uno espera morir amando
Preparándose para la paz interior
Que el corazón siga cantando
Y reciba la bendición de Dios.

Llegar a la muerte lleno de rencor
Carcome el corazón hasta vaciarlo
Arribar pleno de odio es aún peor
El alma muere sin poder evitarlo.

Cuando llegue el determinado día
Deja atrás tu bagaje para viajar liviano
Concluyendo el trabajo de tu vida
Lo mejor que quede de tu viaje humano.

Morir amando es nuestra esperanza
El amor viaja en las dos esferas

Reconociendo el origen de su confianza

Y el destino en la fulgente luz primera.

Velocidad de Luz

Cuando tanto se había perdido y tan poco quedaba en vida
Cuando nada tenía sentido y la esperanza en pena yacía
Tú atravesaste la oscuridad a la velocidad de la Luz
Y con 'la flecha del amor penetraste mi corazón' en quietud.

Cuando la cuesta era empinada y las penas abundaban
Cuando el miedo me bloqueaba y las piernas no caminaban
Tú cruzaste el Universo a la velocidad de la Luz
Y sin ningún esfuerzo llenaste mi espíritu de vigor y salud.

Cuando el dolor era fuerte y el abismo oscuro y profundo
Cuando los ojos se habían secado y no veían otro mundo
Tú reuniste todas las estrellas a la velocidad de la Luz
Y vibrando todas ellas me devolvieron visión y juventud.

Cuando el camino era incierto y las señales equivocadas
Cuando dar un paso era opuesto y la ansiedad desesperaba

Tú recorriste los cielos a la velocidad de la Luz

Y con la esencia del amor me acompañaste hacia la virtud.

Cuando tanto se había perdido y tan poco quedaba en vida

Cuando nada tenía sentido y la esperanza en pena yacía

Tú atravesaste la oscuridad a la velocidad de la Luz

Y con 'la flecha del amor penetraste mi corazón' en quietud

Soplaste en mi alma la plenitud cuando recibí Tu Luz.

Cita de Jalaludin Rumi

Printed in Poland
by Amazon Fulfillment
Poland Sp. z o.o., Wrocław